AMPER FRANS

Louis Jansen van Vuuren

AMPER FRANS

'n Lewe van fanfare en faux pas

Jonathan Ball Uitgewers

Johannesburg • Kaapstad • Londen

© Teks: Louis Jansen van Vuuren 2020
© Voorbladskets: Theo Paul Vorster
© Foto's: Louis Jansen van Vuuren en Anet Pienaar-Vosloo (pp. 200 en 201)
© Gepubliseerde uitgawe: Jonathan Ball Uitgewers 2020

Uitgegee in 2020 deur
JONATHAN BALL UITGEWERS
'n Afdeling van Media24 (Edms.) Bpk.
Posbus 33977
Jeppestown
2043

ISBN 9781776190461
e-ISBN 9781776190478

www.jonathanball.co.za
Twitter: www.twitter.com/JonathanBallPub
Facebook: www.facebook.com/Jonathan-Ball-Publishers
Omslagontwerp deur Sean Robertson
Ontwerp en geset deur Nazli Jacobs

Geset in Kepler

Inhoud

Voorwoord

Louis Jansen van Vuuren, nou in sy vroeë sewentigs, sê gaan sit en asemskep is nie 'n opsie nie. Genadiglik en welkom so vir ons, sy duisende aanhangers.

Duisende ja, want oor 20 jaar het Louis en sy lewensmaat, Hardy Olivier, talle juigende Suid-Afrikaners, Franse en Engelse en 'n boeket van nasionaliteite onthaal in hulle geroemde Château de la Creuzette in die plattelandse dorp Boussac, in die Franse Limousin-streek.

In hierdie boek neem Louis, die kunstenaar, digter, skrywer, dosent, winkelier, verteller, sjarmante gasheer en vriend der vriende, die leser uit 'n diep put van herinneringe op 'n reis van wondere.

Die medeskrywer van *Feestelike Frankryk: Feeste en fabels uit die Franse platteland* het nou as encore 21 heerlike vertellings neergepen wat die mond laat water, die asem laat jaag, die lagspiere prikkel en soms selfs die hare laat rys. Die kersie op die koek is sy vermoë om sinne saam te bind in Frans/Afrikaanse nuutskeppings.

Die puberteitseun van die groot steenkooldorp Middelburg in die ou Transvaal skets in sy heel eerste kunsuitstalling 'n Parys wat op hom wag, skryf 'n kritikus. Louis het egter seker gemaak hy bewaarheid sy droom. In dié droom word hy 'n lewensgroot figuur op die Franse platteland terwyl hy steeds in Suid-Afrika 'n vastrapplek het.

As 'n burger van twee lande skep Louis met kwas, woord en daad 'n kreatiewe leefwêreld wat hom die liefling van vele maak. In hierdie bundel word sy Franse odussee vervul en skep hy 'n leefwêreld van vreugde en plesier.

Salut, Louis!

TON VOSLOO

1

'n Ontmoeting in 'n woud

Oktober 2019

Die takbok se oë is amber albasters wat soos kole gloei. Hulle knip oop en toe soos iets uit 'n Disney-tekenprent. Die tableau voor my lyk kompleet soos 'n handgeverfde dekorstel.

Die takbok draai sy kop na ons kant toe, sy horings soos kroonkandelare teen die blare. Dis konsertmateriaal dié. Bowêrelds. Ek verwag enige oomblik 'n allemintige applous en 'n gordyn wat val.

In my matriekjaar op Middelburg Hoërskool voer ons 'n operette op waarin die eerste bedryf met 'n majestueuse bostoneel op die agterdoek open. Elke keer wanneer die rooi fluweelgordyne van die skoolsaal oopgetrek word, klap die mense uitbundig hande en veroorsaak van die skoolkinders 'n kabaal.

Tannie Smit, wat by AVBOB werk, het glo by die openingsaand aan die huil geraak en iemand moes haar na buite lei sodat sy kon bedaar. "Ek het die paradys gesien," het sy gesnik.

Hier sit ek nou in die Europese herfs van 2019 op die rand van 'n woud op die Franse platteland, oorrompel deur 'n ewe hemelse agterdoek. Ek laat die motorruit sak. Die lug is koel teen my wang. Die herfs wordende bos ruik na molm en mos. Dit voel asof ek op 'n movie set is. Ek skreeu toe sommer in my Fellini-stem: "Cut!"

Hardy, my lewensmaat, skakel die motor se enjin af en staar na die elegante dier wat nou vlak voor die motor staan. Sy blink swart neus beweeg asof hy ons wil opruik. My hart quickstep deur al vier sy kamers.

Uit die gedempte verte bring die klong-klong van kerkklokke ons terug aarde toe. Die toweroomblik is verby. Ek tel vier beier-sarsies, wat beteken dis nou vieruur in die namiddag. Ons sal ons moet roer om betyds te wees vir die afspraak met die eiendoms-agent.

Toe Hardy die enjin aanskakel, spits die goue hert sy ore. Hy kyk steeds stip na ons. Dan, met 'n rapatse swiep van sy stert, ver-dwyn hy eensklaps tussen die bome.

Ons ry 'n halwe kilometer verder met die bospaadjie langs voor-dat ons by die kasarm van 'n huis net buite die dorpie Lépaud stop. Die agent se two-tone-karretjie is onder een van die seder-bome geparkeer.

My hartslag versnel. Die quickstep verander in 'n volwaardige militêre mars.

Die huisagent wag ons in by die oop dubbeldeur. Die namid-daglig val Bybels deur die gebrandskilderde vensters en maak 'n stralekrans om die man se kop en skouers. Geometriese art deco-patrone in oker, roesbruin en rokerige grys transformeer die sonstrale in 'n skouspel. Ek herleef my eerste aanskoue van die Middeleeuse handversierde manuskripte in die Cluny-museum in Parys.

Die agent is 'n hipster met 'n baard wat Jo Black na sy asem sal laat snak. Hy dra 'n paar spitstoon-Oxfords sonder kouse, sy enkels kaal. I mean, really!

"Bonjour and 'allo, nice to sees ous."

Hardy groet hom terug op 'n vlot, maar saaklike Frans. Die koddige mannetjie dra 'n donkerbril met ronde spieëls vir lense en ontspan opmerklik toe hy hoor sy moedertaal word so mooi gepraat. Hy hou sy groethand na my toe uit. Daar is 'n goue seëlring met 'n wolwekop aan sy pinkievinger. Hy ruik na duur naskeermiddel en sigaretrook. Ek kyk verby sy blink bril in die huis se skemer hart in.

"Come eean, come eean." En hy wuif ons met die wolfringhand die groot portaal binne.

Wat ons binne aantref, slaan my vir 'n ses. Die vertrekke is ruim, met hoë houtplafonne en lig wat van alle kante deur die vensters stroom. Die ganse binneruimte herinner my aan die chiaroscuro-skilderye van Jan Vermeer. Dit voel asof ek deur een van sy skemer vertrekke loop.

Die eetkamer is 'n reusagtige saal met 'n vuurherd wat van die vloer tot die dak strek. Die mure is met handgesnyde houtpanele bedek en die komvenster, wat die hele wydte van die vertrek uitmaak, bring die boomryke park na binne. 'n Mens is die hele tyd bewus van die woud wat deur die meeste van die vensters sigbaar is.

Langs die groot kaggel maak 'n stel deure op 'n stoepie oop. Ek kan sien dat die skaal van die plek ook vir Hardy verras. Hy kyk vlugtig na my toe toe ek op die stoepie uitloop. Ek ken daai kyk goed.

Wanneer ek opgewonde raak, maak ek slingersinne waarvan buitestanders dikwels nie kop of stert kan uitmaak nie. Ek beskryf als wat ek sien in kleur en geur.

Bo: 'n Gebrandskilderde venster in ons
nuwe tuiste, Le Rembucher.

❦

Links: Die woud om die Le Rembucher-landgoed
buite die dorpie Lépaud.

My oorlede ouma Willemien het gereeld vermaan: "Gooi vir Lewies met die flenniedoek toe sodat hy kan bedaar. Dis al hoe mens die kind en 'n oorstuurs papegaai stil kan kry." Dan knipoog sy na my kant toe en skep 'n ekstra lepel souskluitjies in my bakkie.

Hardy maak sy stem dik: "Stop jou waansinnige gebabbel, die prys gaan met elke oktaaf op."

Hy loer by 'n klipkaggel se skoorsteen op. Ek voel effens in die bek geruk en skuur by die agent en Hardy verby. Die breë eikehouttrap voer my verby 'n tweede stel pragtige vensters.

Ek gaan staan en kyk in die voorportaal af. Ek begin dagdroom oor sagte wintergordyne wat oor die dubbeldeure hang en 'n Aubusson-tapisserie teen die houtpanele. Ek sien skilderye teen die mure en ons goue bank wat ons in Egipte gekoop het in die voorkamer. Daar is pinksterrose in 'n wit porseleinbeker op Hardy se vleuelklavier.

"Daar moet vrééslik baie werk aan die plek gedoen word." Hardy beklemtoon die "vrééslik" met 'n diep stem.

Die agentjie wieg op sy Oxfords asof hy vastrapplek soek. "But it 'as beaucoup de potential." Hy wuif deur die lug asof hy 'n seremoniële dans wil doen.

"Ek het nie krag vir nog so 'n hengse restourasieprojek nie." Hardy se stem is oordrewe afgemat.

Ek loop by een van die slaapkamers in en gaan staan voor die mooi nisvenster. Die uitsig is doodgewoon pragtig. Die park is vol majestueuse bome wat strek tot by 'n ry wilgers aan 'n dam se groen oewer.

Ek maak die vensters oop en hoor eende kwaak. 'n Kobaltblou naaldekoker woer na binne, vlieg 'n draai om my soos 'n wafferse mini-helikopter en dartel dan weer deur die venster na buite. Ek kyk verby die krake en mufkolle teen die mure. "Hierdie kamer gaan ek blou maak." Blou soos die naaldekoker se slanke lyfie.

"Zees 'ous was zee old 'unting pavilion of the Château de Lépaud, who now 'as only une wall standing."

Die agentjie wys na die een kant van die woud met sy wysvinger. As jy mooi kyk tussen die bome deur, sien jy 'n stukkie van Château de Lépaud se toring. Hy skep gulsig asem en druk die sonbril tot op die kroon van sy kop.

"Oree-gee-nally the château belonged to zee princes de Chambord, but was, 'ow do you say, ruinée a la Révolution. But zee 'unting pavilion was rebuilt in 1765, and zen remodelled in 1901."

Hy teug nog asem in. Sy oë traan asof hy 'n sad storie vertel. "And zen tastefully redecorated in zee seventies." Hy beduie na 'n badkamer met 'n liggeel hoekbad met roesrooi teëls en 'n salmkleurige volvloer pluistapyt. Hardy maak Al Debbo-oë, wat nie 'n goeie teken is nie.

"Hoekom bly die man met ons Engels praat?" vra Hardy.

Miskien is dit omdat my vloedwaterwoorde als Afrikaans is. Ek probeer hard om die geselskap aan die gang te hou en babbel voort in al drie tale.

Hardy kry my aan die arm beet en stuur my in 'n oordrewe tango-stap terug oor die swart en wit teëls. Met 'n kortaf: "Ons sal jou laat weet, dankie," stuur hy my met 'n ferm hand verby die agent, en woerts by die voordeur uit, na waar ons motor in die skadu van 'n sederboom wag.

Hy tru so vinnig, hy ry teen die roostuintjie se randsteen vas. "Verdomde vloeksteen!"

Hardy klim nie eens uit om te kyk of daar skade aan die motor se bakwerk is nie. Dis asof hy nie gou genoeg van die plek kan wegkom nie.

Ek wonder ewe hoopvol of die ongeluk nie dalk die huis se manier is om ons te probeer terughou nie. Verlangend kyk ek oor my skouer en waai met oorgawe vir die man op die trappe. Sy sonbril se spieëllense flikker vir oulaas in die laatmiddagson.

Ons ry in stilte deur die stukkie woud. Daar is geen teken van die takbok nie. Die bome maak flikkerpatrone op die pad. Waar's die blerrie bok? wonder ek. Ek wens hy spring voor die motor in en versper ons pad sodat ons nie kan wegkom nie.

Ek wil-wil myself oorgee aan 'n denkbeeldige depressie toe Hardy skielik rem trap in die grondpaadjie en die motor se enjin afskakel. Dis omtrent op dieselfde plek waar ons die takbok vroeër die middag gewaar het.

"Watsit nou?" vra ek met groot oë.

Hy draai gelyktydig die ruite aan albei kante van die motor af. Die bos ruik na varings en mos en eikeboombas. Sy stem is vol emosie: "Hierdie is die enigste plek op aarde waar ek wil woon!"

2

Van Middelburg na die
Franse platteland

My lewe is 'n kleurryke wandtapyt, aanmekaar geknoop uit stringe goddelike toevallighede. Noem dit wat jy wil: kismet en karma, die noodlot en die voorsienigheid.

Op 16 hou ek my eerste tentoonstelling van skilderye in die saal van die Metodiste-kerk op die plattelandse dorpie Middelburg in die destydse Transvaal. My waagmoed en vrypostigheid word wraggies beloon toe twee verslaggewers uit die stad die uitstalling besoek – een van *Die Vaderland* en een van die *Rand Daily Mail*.

Albei was baie tegemoetkomend oor die talent van die knaap met die knopknieë en koeilek-kuif. Laasgenoemde moes wel 'n stekie inkry omdat een van die skilderye, die enigste abstrakte werk, *Middernag in Parys* getiteld was. Was die knaap dan al in Parys? Was hy al ooit in Frankryk?

Natuurlik was ek. In my drome!

"Dit waarvoor jy wens, word waar," sê my ma een dag. Sy sit haar breiwerk op haar skoot neer en kyk met sagte oë na my wat by die kombuistafel sit en teken. "Wens altyd oordeelkundig en wens uit jou hart uit."

Ek was heeldag ongedurig omdat die wind so erg waai dat geen mens dit buite kan waag nie. Soos die Augustus-winde harder huil, raak my wense wilder en uitspattiger. Die kleurryke illusies neuk heeltyd Frankryk se kant toe. Die lag op my ma se lippe por my tot groter waaghalsigheid aan.

Nie dat ek baie van Frankryk en Parys weet nie, maar ons het sopas in die kunsgeskiedenisles by oom Harry van die Franse Impressioniste gehoor. Olie op die vuur. "In Parys stal ek nog eendag uit!" sê ek vir my ma, my stem op breekpunt.

Oom Harry – al die leerlinge en selfs die skoolhoof noem hom so – is die nuwe kunsonderwyser by ons skool. Hy vervang ons geliefde juffrou Katinka wat ons met bedrewe hande gelei het. Ek was eers baie skepties oor die vreemde poenskop oom. Mettertyd begin ek egter die boheemse man verstaan en sy geesdrif spoor my aan om my gedagtes te laat gaan waarheen hulle instinktief koers kry. Oom Harry, die maltrap kunsonderwyser, leer my in technicolor droom.

Tydens my universiteitsjare op Stellenbosch is my beste maat Philip se hoofvak Frans. In hulle Franse klasse word hulle aangemoedig om die moeilike taal se fyner nuanses aan te leer deur na musiek te luister. So leer ek vir Françoise Hardy en Frida Boccara ken. Ons koop seven singles van Serge Gainsbourg en Jane Birkin, 'n LP van Barbara waarop sy "L'Aigle noir" sing – vandag steeds 'n gunsteling- Franse chanson. Die liedjie het volgens oorlewering binne 12 uur 1 miljoen kopieë verkoop!

Prof. Fritz Stegman se rolprentklub kom Dinsdagaande in die Ingenieursfakulteit byeen. Daar in die donker saal staar ons oopmond na Franse rolprente met amper onleesbare byskrifte, waarin legendes soos Delphine Seyrig, Anouk Aimée en Catherine Deneuve verskyn. Dis die swinging sixties en die jare van Brigitte Bardot en die legendariese Jeanne Moreau.

Ons klomp wannabees spaar weke se sakgeld vir 'n riffelbotteltjie Eau Sauvage. Dis Dior se naskeermiddel met die ikoniese Alain Delon wat in elke advertensie wys presies hoe 'n Fransman moet lyk. Ons ry die hele ent van Stellenbosch na Stuttafords in Kaapstad om dit te gaan koop, want as jy eers jou Old Spice vir Eau Sauvage verruil het, is jy al halfpad Frans.

Waar kom die beheptheid met alles wat Frans is vandaan? Dit kan vir die meer skeptiese siele daarbuite soms 'n bietjie aanstellerig voorkom, maar ek vermoed dit het dalk iets met ons Hugenote-voorvaders te make. Dalk vloei daar 'n bietjie Franse bloed in my are.

Hoe anders verduidelik ek die intense gevoel van herkenning wat ek beleef het toe ek die eerste keer in lewende lywe in Parys beland? Dis moeilik om te verwoord. Alhoewel ek geensins die taal magtig was nie, het dit vir my soos 'n tuiskoms gevoel. Die samevloei van elegante mense, die gloed van die sandsteengeboue en die rivier en die kuns oral om my het my laat voel asof ek daar behoort. Die Engelse praat van 'n sense of belonging.

Wanneer ek my oë toemaak, kan ek – asof dit gister was – nog die smaak van my eerste mondvol marrons glacés (versuikerde kastaiing) oproep. Ek dink dikwels terug aan daardie beginjare in Frankryk. Die enigste verskil tussen toe en nou is dat ek intussen meer Frans geword het en hierdie heerlike snoepding nou met 'n glasie Sauternes of Muscat, eerder as 'n koppie warm tee geniet.

Ná my salige studentedae maak die lewe 'n paar guitige wawiele met my en uiteindelik beland ek in 1998 met my kop steeds op my skouers in Frankryk, op die vooraand van my eerste tentoonstelling in Rue de Seine in Parys. In die galeryvenster word die tentoonstelling in volkleur aangekondig. Ek staan pronkerig oorkant die straat en verkyk my aan die plakkate met my naam daarop.

Ek wil uit my nate bars en slaan my oë opwaarts om vir my pa, wat reeds verkas het, te laat weet dat hy maar 'n bietjie kan spog met sy aweregse laatlam. Wanneer hy haar daarbo raakloop, kan hy sommer ook vir die *Rand Daily Mail* se verslaggeefster sê dat dit toe nie so voorbarig van my was om 'n Franse titel vir daardie skildery in my eerste tentoonstelling op skool te gee nie. Dit was eerder 'n voorbode.

Op die openingsaand is daar 'n skare mense, grotendeels te danke aan my oorlede vriendin en confidante Annette de Villiers. Dié oud-Bloemfonteiner is op 18 deur 'n scout van die Balmain-modehuis as mannekyn na Parys gelok en ken die who's who van Parys op hul voorname. Daar is 'n Franse filmster of twee, die musikant Jean-Michel Jarre en sy blinkoog metgesel, en 'n trop uitspattige artisticos. My kunswerke verkoop goed genoeg dat die eienaar van die galery my daar en dan 'n tweede tentoonstelling aanbied.

Ek bly die beeldskone Annette ewig dankbaar vir die bekend-stelling aan die Paryse hoipolloi. Saam met haar ontmoet ek die merkwaardige Hubert de Givenchy en die flambojante Philippe Junot, prinses Caroline van Monaco se eerste man.

Ná my tweede Paryse tentoonstelling in 2000 in Rue de Seine neem ek en Hardy die onortodokse besluit om 'n vakansiehuisie met 'n ateljee in Frankryk te soek. Die galerydireksie is dit eens dat dit goed sal wees as ek tydens die seisoen nader aan hulle en aan my nuwe Franse kliënte kan wees.

Dit is net die soort praatjies wat ek nodig het om die warboel drome in my kop in 'n volwaardige obsessie te verander. Wie is ek om teë te stribbel? Boonop is daar 'n stewige bedrag frank in my beursie.

Dit was egter veral die vooruitsig om swaaiend tussen twee appelbome in 'n hangmat te lê, hopelik 'n hanetreetjie weg van 'n ateljee in 'n tuin wat uitkyk oor die vulkane van die Auvergne, wat my aangevuur het.

Kort daarna is ek en Hardy in die Allier-streek by vriende aan huis, op soek na 'n eie plekkie in die Franse son. Ná dae se rond-kykery is ons moedeloos en gereed om tou op te gooi. My voete was nog nooit so seer geloop nie.

Die laaste dag voordat ons terugvlieg Kaapstad toe, maak ek en Hardy 'n desperate laaste draai deur 'n paar naburige dorpies. In die dorpie Lapeyrouse sien ons op presies dieselfde oomblik die stukkie karton in 'n huisie se venster in 'n skewe straatjie raak. In 'n amper onleesbare langhand staan daar geskryf à vendre (te koop) met 'n telefoonnommer daarby.

Dié Hansie en Grietjie-huis is sjarmant en pas op die koop toe netjies in ons begroting. Wat my veral opgewonde maak oor die plek is die buitegeboutjie wat ek sonder te veel ontwrigting in 'n ateljee sal kan omskep. Die lang tuin wat oor twee erwe strek is 'n toegevoegde bonus. Daar sal ek na hartelus die groentetuin waar-van ek nog altyd droom tot stand kan bring.

Hardy haal sy Nokia uit sy baadjiesak en tik die nommer in. Nét daar begin ons Franse lewe.

'n Tyd later sit ons in 'n restaurant in Parys. Die restaurant se versierde vensters verdonker die twee imposante torings van die

Notre-Dame-katedraal. Verder met die kaai langs weerkaats 'n vergulde koepel geluidloos in die Seine. Ek ruik verlangs die aroma van kastaiings wat buite oor 'n konkavuur rooster.

"Presies hoe ver is julle plekkie van Parys af?" vra ons Franse vriendin Frédérique en neem versigtig 'n slukkie sjampanje. Haar goed versorgde naels is in 'n modieuse skakering naellak geverf. "Chanel," sê sy toe sy sien ek kyk na haar vingerpunte. Hulle lyk soos bosaarbeitjies teen die borrelende goud in haar glas.

"Drie en 'n half uur suid van hier," antwoord ek.

Ons piepklein huisie in Lapeyrouse is amper presies in die middel van Frankryk. "La France profonde" of "diep Frankryk" noem ons Paryse vriende ons nuutgevonde tuiste. "Hoe kan enige beskaafde mens daar wil gaan woon? Almal trek Parys toe. Die platteland loop leeg." Dan rol hulle hulle oë betekenisvol vir mekaar en wys na 'n betowerende winkelvenster op die Place Vendôme.

Die kelnerin neem eerste Frédérique se bestelling: "Ek neem graag die confit de canard," sê sy en lek ingedagte oor haar glansende rooi lippe voor sy weer op ons fokus. "Qui vivra verra (die toekoms sal sê). Dis onmoontlik ver van Parys. Julle is van lotjie getik."

Van lotjie getik of te not, ons besluit is geneem. Dis 'n uitgemaakte saak – 'n fait accompli. Ons gaan in die Franse platteland belê.

Met 'n dowwe knal skiet die sjampanjeprop in 'n boog deur die ruim en beland ploems in die vrugbare bedding van my splinternuwe buurman se netjiese potager (groentetuin). Die tuintjie is 'n netjies uitgemete stukkie grond waarin buurman se preie, wortels en koolkoppe eweredig gespasieer staan en groei. In die verste hoek staan 'n paar artisjokbosse vol hakerige groen en pers knoppe.

Die hele lappie tuin is helder omhein met 'n dubbel ry stinkafrikanerplantjies in volle blom. Les roses d'Inde noem die Franse hulle. Die geel en oranje blomme word spesiaal in jou groentetuin geplant om alle insekpestilensies van jou jong groente weg te hou. Hulle is die tuinier se beste vriend.

En dit werk hoor! Ek het self probeer en wrintiewaar, die peste bly weg. Wel, soort van. Dalk hou ek maar net van die idee dat Afrikaners die hoeders van welsyn is.

Die prop lê en bak nou onder 'n oranje blomsambreel. Sy oorsprong is in die groen nek van 'n goed verkoelde bottel Perrier-Jouët-sjampanje. Rosé-sjampanje. Die koopkontrak van ons eerste klein huisie op die Franse platteland is sopas verbaal ooreengekom en dis tyd om 'n glasie te klink en salut en chin-chin te sê.

Ek weet, ek weet, ek weet – 'n ware heer en cognoscenti van goeie smaak sal nooit as te nimmer 'n sjampanjeprop so brutaal lanseer nie. In Frankryk het ek kom leer dat daar 'n spesifieke manier is om 'n bottel sjampanje oop te maak en ook om 'n heildronk in te stel.

Met die heildronk moet jy so maak: Kyk die persoon vir wie jy cheers sê direk in die oë. Maak seker dat almal getoast is voordat jy 'n sluk neem, moet nooit jou glas met iemand anders se glas kruis nie en moenie jou glas neersit tussen die heildronk en die eerste sluk nie.

Ek is oortuig ons Franse vriende hou ons by elke denkbare geleentheid noukeurig dop en ken punte toe afhangende van ons

Hierdie skildery was deel van my eerste kunsuitstalling op 16-jarige ouderdom.

Oorkant bo: Saam met 'n groep kunsstudente op Stellenbosch. Ek is voor links in die swart broek.

Oorkant onder: By een van my uitstallings in Parys saam met 'n Paryse galery-eienaar (links van my), die galerydirekteur Laurent Deschamps en Marilyn Martin.

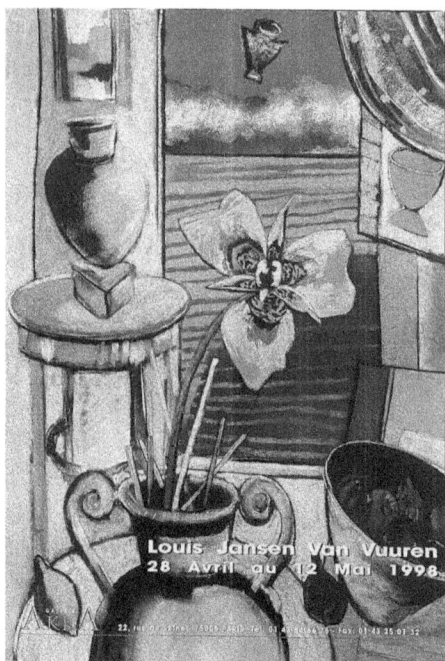

Regs: 'n Plakkaat wat my eerste uitstalling in Parys adverteer.

✦

Onder: 'n Kunswerk van my in die galery se venster.

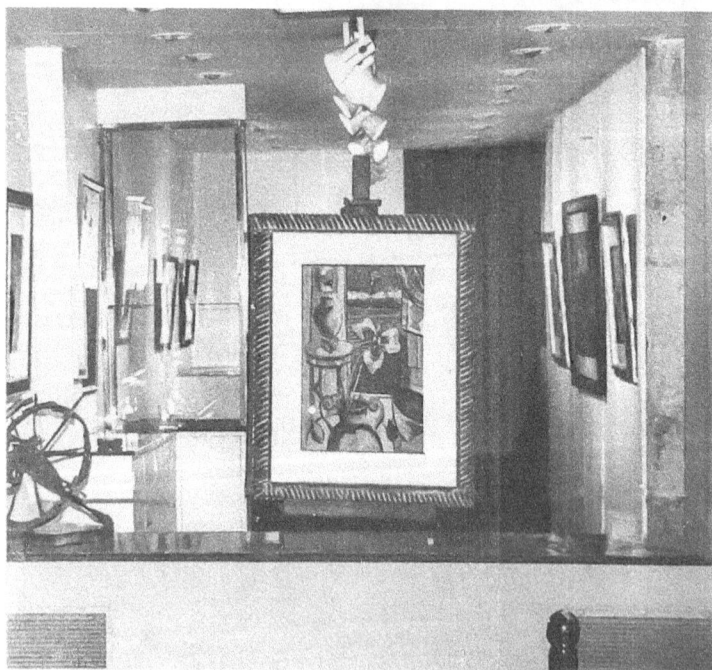

bedrewenheid met die kurk en bottel. Hierdie puntetoekenning-stelsel is by alle Franse ingebore, vandaar die obsessie met Michelin-sterre vir hul supersjefs. En boetie, jy moet ook nie skeeftrap met die sny van 'n poulet rôti (gebraaide hoender) of die opkerf van 'n sappige gigot (skaapboud) nie. Non! Non! Non!

Maar terug na die sjampanjebottel: Eers moet jy die foelie net onder die draadstroppie sorgvuldig afsny en dan behendig aftrek sodat die draadstruktuurtjie heeltemal ontbloot is. Nou draai jy die draadogie los en verwyder dit mooitjies. Die bottel word aan sy nek in jou regterhand vasgehou, terwyl die duim van dieselfde hand die prop saggies vasdruk. Die hele bottel word nou met jou linkerhand gedraai, totdat die prop sagkens uit die bottel se nek losgewikkel is.

Daar behoort 'n sagte sug uit die bottel te ontsnap, soort-gelyk aan die sug van 'n tevrede madame. 'n Kenner laat nooit die prop skiet nie, want dan ontsnap heeltemal te veel gas uit die bottel, wat die borreltelling beïnvloed. 'n Lae borreltelling is baie erger en meer vernederend in goeie geselskap as 'n lae jy-weet-watse-telling.

So terloops, teen die einde van 2019 het die Franse reeds meer as 1,9 miljoen bottels rosé-sjampanje na die Verenigde State uit-gevoer. Dan praat ek nie eens van hul plaaslike verbruik of uitvoer-pogings na Gaberone en Helsinki nie! Dis nogal nie sleg vir 'n pienk outjie nie – of dit nou Krug, Cristal, Taittinger, Moët, Nicolas Feuillatte, die Weduwee of Dom Watsenaam is, die pienkes loop voor in die styldepartement. Rosé is die nuwe swart.

So begin ons nuwe lewe in die Auvergne met 'n feestelike skoot. Dis ons eerste voorsmakie van la vie en rosé.

Nou sit ses van ons op die kliprand van 'n eeue oue put in die lang agtertuin van ons nuwe tuiste. Elkeen sit en tuur in 'n ander rigting.

Daar is die drie huisverkopers – twee broers en hul melankoliese suster, die kleinkinders van die vorige eienaar, hul geliefde, afgestorwe grootmoeder.

Die broers is sulke stewige bukse met kort bene en baie hare. Die een broer het 'n geruite kortmouhemp aan met 'n donker das daarby. Sy naam is André en hy werk by die EDF-gasverskaffers in 'n naburige dorp. Wanneer hy beweeg, maak sy broek sulke statiese geluide. Didier is sy boereboetie en hy is geklee in die standaard blou overall van die Franse werkersklas. 'n Gauloises Blondes hang stomp en sonder vonk in die hoek van sy mond.

Die suster het 'n goedige gesig, maar sien beteuterd daar uit. Sy gee elke dan en wan sulke láááng, diep sugte, terwyl haar oë wasig word. Soos 'n Cassandra van ouds wat dinge sien en kan aanvoel. "Sy's 'n aantreklike entjie mens," sou my ouma haar gevat opsom. "Sy trek haar dinge tog so erg aan ..."

Dan is daar ek en Hardy, wat so normaal moontlik probeer voorkom, so asof ons elke dag 'n huis in die vreemde koop.

Die sesde persoon is ons vriend Michael, wat ons met oneindige geduld en goedertierenheid deur ons eerste dae in Lapeyrouse begelei het. Dis hy wat ons gewys het waar die beste croissants gebak word, die varsste organiese groente gekoop kan word en ook waar ons hardeware teen 'n billike prys kan aanskaf vir die groot restoureerdae wat voorlê.

Michael is 'n kunshandelaar wat reeds jare lank 'n huis in die streek het en gedurende die koue Europese maande na sy tuiste

in Kaapstad terugkeer. Daar het ek hom al dikwels by tentoon-
stellings raakgeloop.

"Aahh, mais oui (ag, nou ja)," sug die droewige suster. Sy sluk
met een teug haar glasie leeg en steier van die put se rand in haar
skoene in. Sy sak so 'n entjie in die sagte grond weg voordat sy
haar reguit somersrok teen haar lyf platstryk. Die materiaal van
die rok lyk net soos 'n vlei vol veldblomme.

Almal is gereed om te vertrek en ons begin met die ingewikkelde
lugsoen-ritueel. Ek is nog nie heeltemal au fait met dié wyse van
groet nie en kap dikwels nog kenne en koppe met nuwe Franse
kennisse. Die kere wanneer jy per ongeluk kerplaks iemand op
die wang of mond raak soen, word met oneindige afgryse bejeën.
Quelle horreur! (Hoe afgryslik.) Sulke intimiteit is ondenkbaar vir
die Franse psige. Wat my veral ook onderkry, is die foeieet-geluid
wat elke lugsoen moet vergesel. Ek wat sukkel om koelkop te bly
met die dans van 'n eenvoudige wals, moet erg konsentreer om al
dié bewegings te sinchroniseer.

Eindelik staan ek en Hardy alleen op die stoeptrappie van ons
regop huisie in die skewe straat. Op die meeste Suid-Afrikaanse
plattelandse dorpies is die strate in netjiese, eweredige blokke
opgedeel. Behalwe hierdie straatjie. Dis 'n diagonale uitroepteken
wat van die hoofstraat tot voor die kerk se deure strek. La route
oblique – die skewe straat.

Ons tuur tevrede oor die lang agtertuin met sy wydse uitsig
oor geil geel landerye en groen heuwels. In die verte kan 'n mens
op 'n helder dag die blou vulkane van die Auvergne duidelik sien.
Dit lyk nes 'n stukkie van die Boland se blou berge. In die woorde
van vriend Ton: "Dis nou pastoraal…"

Die noodsaaklikste goedjies staan in ons nuwe huisie en wag vir ons eerste aand op die Franse platteland. Ek het vir die wis en die onwis 'n tamaai string gevlegte knoffel gekoop en naby die voordeur gehang, kwansuis om enige bose geeste in toom te probeer hou.

"Dit spook daar, Louis. In die Auvergne, hoor ek, spook dit sommerso helder oordag!" waarsku 'n vriendin.

Al wat ek van die Auvergne weet, is dat 'n betowerende liederesiklus, *Songs of the Auvergne*, daaroor geskryf is. Ek het 'n mooi sopraan dit eenmaal hoor sing. By nabetragting moet ek sê dat dit koorsige, amper spookagtige wysies was.

Heel belangrikste van als is die mandjie vol eetgoed wat vriende vir ons eerste avondmaal in die vreemde dorpie ingepak het. 'n Goudbruin baguette, 'n verskeidenheid kase en twee lekker bottels Bordeaux sal die ergste wolwe van die deur weghou.

Met die optel van die mandjie snuif ek nog 'n laaste sweempie van die melankoliese suster se parfuum wat in die glasvoorportaaltjie huiwer. Dis die onmiskenbare reuk van lily of the valley – L'air du Temps van Nina Ricci. Ek is eensklaps weer 'n klein kind van so sewe of nege en ek ruik my ma wat oor my buk om my nag te soen.

Ons is net besig om die tweede glasie Bordeaux te skink toe ons 'n harde geklop aan die voordeur hoor. Afgeëts teen die ondergaande son verskyn die silhoeët van die kleinste vroutjie denkbaar. Die son se laaste strale omskep haar styf gegolfde krulletjies in 'n goue stralekrans. Daar is 'n bejaarde engel in ons voorportaal. In haar uitgestrekte hande hou sy 'n stomende pastei.

Madame Rochet, blyk dit, is ons goedgesinde buurvrou en baaskok van die klein dorpie. Dis 'n tuisgemaakte pâté aux pommes de terre of aartappeltert, 'n tradisionele gereg uit die streek wat sy na ons uithou. Hierdie ontmoeting is die begin van 'n wonderlike vriendskap tussen die fils de l'Afrique du Sud (seuns van Suid-Afrika) en ons nuwe Franse grand-mère (ouma). Ek leer by madame Rochet heelwat van die landelike Franse cuisine, onder meer hoe belangrik dit is om seisoenaal te eet en ook om soos sy, en die meeste van die dorpsmense, volgens die maankalender te plant.

Sal ek ooit ons eerste winter vergeet en die verwarring toe ons kop onderstebo voor 'n glastoonbank by die plaaslike deli staan? Binne-in word allerlei winterspesialiteite tentoongestel: klaar gemaakte disse soos civet d'oie (gansbredie) en flamiche aux poireaux (preietert met verouderde bokmelkkaas) en caqhuse (varkbredie). Om nie te praat van al die terrines met vreemde name en onbekende bestanddele nie.

Ek was so bang dat die dame met die plastiekkeps oor haar bouffant-hare my iets sou vra dat ek pro-aktief met my wysvinger na 'n vaag herkenbare bak goeters beduie het. By die huis het ons, ná 'n telefoonoproep na ons buurvrou, uitgevind dat ons avondmaal met die mooi naam "pettitoes" inderwaarheid gestopte varkpootjies was!

Madame R, soos ons haar later sou noem, het vir ons verduidelik wat die verskil tussen wit en groen aspersies is. Belangriker nog, sy het ons al die verskillende maniere gewys om dit soos 'n Franse kok stomend en perfek op die tafel te kry.

Ons eerste kennismaking met 'n gerfie wilde aspersies was ook 'n belewenis. Les asperges sauvages het 'n delikate smaak en is net vir 'n paar weke in Februarie en begin Maart in die rondte. Dié lekkerny is reeds sedert die Romeinse tyd op die spyskaart. Selfs die heel oudste resepteboek ter wêreld, *Apicius*, wat uit die eerste eeu dateer, bevat 'n wilde aspersieresep.

Terug by Madame R se stomende aartappeltert. Ons het die hele tert en 'n tweede bottel Bordeaux verorber en baie braaf die trap uitgeklim na die slaapkamers op die eerste verdieping. Genoeg Bordeaux verjaag alle sprake van spoke en die knoffel in die pastei het verseker dat ons eerste nag in die Auvergne spookloos sou verloop.

La vie est belle. Die lewe is mooi.

3

Rooi Jan diep in die merde

Lapeyrouse is 'n mooi klein dorpie langs 'n pragtige meer met 'n indrukwekkende Doringrosie-château. Dit het beslis bygedra tot ons drome van 'n eie château.

In Lapeyrouse is daar eintlik net twee strate: die hoofstraat, wat dwarsdeur die dorpie loop, met die mairie (stadsaal of burgemeesterskantoor), die skooltjie, die boulangerie (bakkery) en die bistro aan weerskante; en 'n skewe straat wat teen die kerk doodloop met 'n baie groot Christus aan die kruis-figuur wat oor die dorpie tuur.

Saans, wanneer die kerkie verlig word, gooi dié beeld 'n indrukwekkende skaduwee wat tot oor ons huisie se voorste muur val. Ecce Homo. Hierdie skadubeeld is soos 'n nagtelike hoeder teen die Auvergnat-spoke waaroor ons vriendin Renée ons gewaarsku het. Sommer ook teen die rondswerwende groepe sigeuners teen wie almal ons waarsku.

Die klokkespel uit die kerktoring op elke feesdag is 'n belewenis. Gedurende begrafnisse word die droewige "Miserere" gehoor – die stadige, statige dodemars in somber tone. Almal in die dorp staak altyd alles waarmee hulle besig is by die aanhoor van die klokke se roubeklag en word dan 'n oomblik stil.

Die begraafplaas met sy klipmuur lê oorkant die onderpunt van ons lang tuin, tussen 'n plaat wilde appelbome. Die stoet beweeg altyd padlangs voor ons huisie verby en kom dan tussen die appelbome tot stilstand.

Die praalgrafte van glas weerkaats dikwels in die son en ek wil my soms verbeel ek sien die talle engelbeelde hul koppe eerbiedig sak by die aanhoor van die eerste mineurklanke van die "Miserere".

Een spesifieke grys en triestige winterdag staan ek weer so stil en luister na die klokke en kyk na die stoet wat voor die kerk bymekaargekom het. Hierdie keer word die kis in 'n blink swart koets vervoer wat deur twee swart perde getrek word. Elke perd het 'n regop wit veredos op sy geboë kop en 'n swart ferweelmantel oor sy rug. Die hoewe klop ritmies teen die nat teerpad 'n stadige mars uit. So asof die toneel direk uit 'n Charles Baudelaire-gedig kom.

Ons doop die huisie La Maison Bleue, omdat blou nog altyd my kleur was. Dit is immers die kleur van Hardy se oë.

Dit is toevallig ook die kleur van die verf waarmee ons die huis se hortjies verf. Dit is so te sê ons eerste restourasietaak, om die huisie ons eie te maak en ons stempel daarop af te druk.

Die tweede restourasie- of bricolage-proses was van 'n heelwat komplekser aard. Daar is 'n binnemuur wat die sit- en eetkamertjie van mekaar skei wat doodeenvoudig moet waai.

Met my onuitputbare opgewondenheid of eerder, knaende ongeduld, kry ek dit reg om Hardy te oortuig om die muur summier plat te slaan sodat daar 'n ruim, stylvolle vertrek soos 'n feniks uit die rommel kan verrys. Dit sal dan gevul word met sjiek Franse meubelstukke wat van ons goeie smaak en talentvolle dekorasievernuf getuig. Ek sien al klaar die voorblad van die glanstydskrif in my geestesoog.

Die tienpondhamer is nog splinternuut. Hardy vat dit behendig met albei hande vas en met 'n paar doelgerigte houe verpletter hy die ganse muur tot rommel. 'n Groot wolk stof omring ons. Rooi stof, want die muur is met klein rooi baksteentjies gebou.

Nadat die stofwolk gaan lê het, skemer dit tot ons deur dat daar geen ligte meer in die huis brand nie en dat die toegegooide koelkas doodstil is. Hoe nou?

Nadere ondersoek bring aan die lig dat Hardy se aanslag 'n netwerk kragdrade ook verwoes het. Ons verkeer 'n hele rukkie in 'n katatoniese verstarring. Hardy is bestrooi met brokkies sement, fragmente muurpapier, stukkies baksteen en rooi stofpoeier. Soos Rooi Jan van ouds staan hy daar, terwyl die oorwinningsblik in sy oë vinnig begin verdwyn.

Omdat ek kwansuis 'n paar ekstra Franse woorde magtig is en ook redelik ongeskonde daar uitsien, moet ek met die hoofstraat af om te gaan hulp soek. Die enigste teken van lewe is in die boulangerie van Madame Simonet.

Agnès Simonet is 'n lang, maer dame met rooi hare en opvallende groen oë. Sy is altyd geklee in 'n wit oorjassie en sabots, 'n Franse houtvoorloper van ons gewilde Crocs. Sonder haar plastiekhandskoentjies het ek haar nog nooit gesien nie en sy is immer en garde om 'n dosyn of wat croissants in 'n japtrap in 'n papiersakkie in uit te tel. Dan rol sy met vinnige jakkalsdraaitjies die kante van die papiersakkie om sodat die pakkie dig sluit.

Sy staan reg om my te ontvang: handskoentjies gereed om die heerlikhede van haar bakkersman te verkwansel. Iemand het op 'n keer vir my gesê dat die Franse onmiddellik transformeer wanneer jy hulle beleefd meedeel dat jy 'n ontsettende krisis het. Indien jy jou probleem so nederig as moontlik aan hul voete te lê, sal hul harte versag en sal hulle van hul oneindige hoogtes neerdaal en die lae vlak van jou as étranger (vreemdeling) betree.

"Madame," sê ek, "Madame, j'ai un problème très grave." (Mevrou, ek het 'n ernstige probleem.) Vir maksimum impak herhaal ek die sin dramaties.

"Électricité," sê ek moedig en wys na 'n dooie gloeilamp in die vertoonkas vol helderkleurige petit fours. "Électricité," sê ek weer. "It made boom! Phaff, Poef! Kapoet! Finis! Klaar!"

'n Stokou oompie het intussen die bakkerytjie binnegekom en die klokkie se gelui laat Agnès Simonet vir 'n fraksie van 'n sekonde van my wegkyk. Haar blik is egter spoedig weer stip op my gerig, nadat ek my openingsrede herhaal het.

Die oompie sien seker dat iets buitengewoons aan 't gebeur is en hobbel tydsaam op sy gekerfde kierie by die winkel uit. Sonder om sy hoed vir my of die madame te lig. Agnès Simonet knip haar oë 'n paar keer vinnig asof sy in die verblindende lig van 'n aankomende motor se koplampe vaskyk. Sy berei haar mond stadig voor op die moeisame kommunikasie en sê met groot omhaal: "Le chef de police, c'est votre seule solution."

Die besef van presies hoe "grave" ons situasie is, kom sit soos 'n swart kraai op my skouer. As sy reken die polisiehoof is al een wat ons kan help, dan is ons beslis in groot moeilikheid. Al wat ek op daardie oomblik sien is boeie en 'n paspoort vol rooi stempels wat skreeu: *INTERDIT!*

Ek gaan haal Hardy vir morele ondersteuning sodat hy saam

met my by die polisiehoof om hulp en genade kan gaan smeek. Hy staan nog net so met die tienpondhamer in sy hande, en wat lyk soos die gevalle Berlynse Muur aan sy voete.

Dit wat ons aangevang het is heeltemal onwettig en kinderlik onverskillig. Ons moet nog die kontrak by die notaire gaan teken sodat die huisie wetlik na ons oorgedra kan word. Noudat ons die boureëls oortree het en die dorp se elektrisiteit gesaboteer het, gaan ons verseker diep in die merde wees.

Gewis is skorsing uit die tuin van Eden ons voorland. Ons sal druipstert moet teruggaan, met ons Hugenote-wortels intakt en my ma se verslete *Kook en geniet* onder die arm.

Voor die polisiehoof se baksteenhuis blaf 'n verwoede swart hond sy misnoeë teen ons vreemde lywe op.

"Kom ons loop," sê ek skrikkerig. "Hier's niemand by die huis nie en die hond maak my mal."

Hardy probeer die swart monster nog met "toela, siebie, toela" paai. Hemel, dink ek. Wat het van vriendelike Franse poedels met stuitige pienk strikke in die hare geword?

'n Kantgordyn met swane daarop word op 'n skrefie weggetrek en sak net so vinnig weer toe. Voor ons kan omdraai en voet in die wind slaan, gaan die voordeur vinnig oop en 'n koddige, vet mannetjie kom uit die huis te voorskyn.

Sy allergrootste boep en swierige weglêsnor is die eerste twee dinge wat my opval. Sy hemp kan net by die boonste twee knope vas en die res van sy maag word onder beheer gehou deur 'n ligblou frokkie. Sy snor laat my dadelik aan Salvador Dalí dink en ook aan Duchamp wat 'n weglêsnor op die *Mona Lisa* geverf het. Die chef de police se snor is 'n bielie van 'n kunswerk. Swart en gekrul

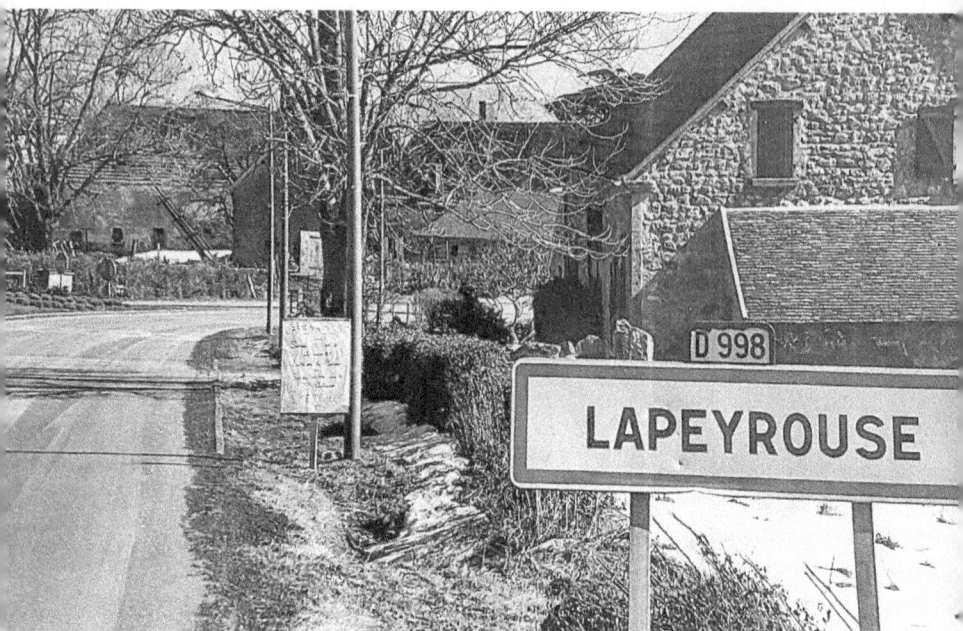

LAPEYROUSE

D 998

Bo: Ons eerste
tuiste
in Frankryk.

❧

Regs: Die put
in die agtertuin
van Maison Bleue
in Lapeyrouse.

Lapeyrouse se kerk in die winter.

❧

Ons huisie, Maison Bleue, van buite.

My ateljee in Maison Bleue se agterjaart was eens 'n bakkery.

soos wafferse buffelhorings. Hy moet daagliks ure aan sy toilet spandeer en liters sculpting wax opgebruik.

"Oui, j'écoute," (ja, ek luister) sê die Snor en maak sy swart hond stil. Dié staar nou met neongeel oë na ons – reg om aan te val. Hierdie honderas gee my die slegte soort hoendervleis.

Meneer die Hoof van die Polisie staan rustig en luister na my Boem! Phaff! Poef-storie. Ter ondersteuning voeg Hardy ook 'n paar amper herkenbare geluide tot my eenbedryf by en rek sy oë vir effek grooooot oop, soos net hy kan, veral wanneer hy 'n twyfelagtige punt wil bewys.

"You must have blown all your house fuses," sê die hoof der hoofde op Engels met 'n sterk Texaanse twang. Hy was glo in die sestigerjare in Amerika vir spesiale burgerlike sekuriteitsopleiding. Dié inligting kry ek later op gesag van die alwetende Madame Robert, Lapeyrouse se skinderkous.

Ek dog ek hoor in die verte die hallelujakoor in stereo, met onse eie Mimi wat die hoogste note sing. Nou lyk die Monsieur le Chef nie meer so kwaai of erg die moer in nie.

Om 'n lang storie op te rol, chef Jean-Marie Delmas het in 'n hondeblaf ons nuwe beste polisiehoofvriend geword. Hy kom wys mooi vir Hardy hoe om die smeltdraadjies van die sekeringe te herstel. Vermoedelik vir my ook, maar ek is toe reeds besig om in my kop die wordende nuwe salon met sygordyne te versier.

Ons klein wit Citroën C15-tjorretjie met sy Hollandse nommerplate word liefderik deur die locals 'n "Sea Cans" genoem. Dis nou na die uitspraak van die woord "C15" in Frans. Suid-Afrikaners sou die C15 seker 'n klein bakkie genoem het, maar eintlik is dit 'n klein vervoerwa. Diegene wat hulle snaaks wil hou, verwys na ons vier wiele as 'n broodblik.

Dié tjorrie sou die hoofspeler word in ons, en later ook ons vriende, se restourasiedramas. Hy was ook die ster wat vragte vol skilderye na Parys, Monte Carlo en Londen sans arrêt (sonder ophou) aangery het.

Laurent en Eric, ons gawe bure en ons eerste, regte Franse vriende, vra op 'n keer hoe ons in Lapeyrouse aangekom het.

"Ons het gery," sê ek op Frans. "Met die Citron."

Hulle lag hulle slap en vra weer. "Nee man, Louis, regtig, hoe so?"

"Met die Citron," sê ek, nou sommer knorrig.

"Do you really mean to tell us you came to France on a lemon?!" vra Laurent vermakerig op goeie Engels.

Daar is 'n klein verskil in uitspraak, maar 'n groot verskil in betekenis, tussen "Citron" en "Citroën" (sitroe-hen). Dit was die eerste van 'n reeks ontnugterende ervarings danksy die delikate nuanserings van die mooie Franse taal. Ons het dit toe nog nie geweet nie, maar daar sou nog heelparty suurlemoengedoentes op ons pad vorentoe wees.

Soos die dag toe ek ons huis in Kaapstad beskryf aan Madame R se frisgeboude kleinseun wat in die army is. Ewe hand-om-die-blaas sê ek vir hom: "Là bas nous habitons dans une cul sec." Ek het al gehoor hoe die jongetjies praat van cul sec, ek was onder die indruk dis 'n byderwetse verkorting van cul de sac.

"Sacre bleu (dêmmit)," sê die jong man met beetkleurige wange, "woon julle in droë agterente?"

Afrikaanssprekendes gorrel woorde van agter uit die keel terwyl Fransmanne woorde ligweg van voor uit die mond lanseer. Met papbekkies en slap lippe word die allergevatste sêgoed die atmosfeer ingeblaas. Sotto voce.

"Faire la moue" (maak 'n tuitbek), was die raad van my Franse onderwyseres. Dis al hoe ek dit gaan regkry, het sy my galant verseker en rooi pruillippe na my kant toe gemaak. My kieste was altyd vir 'n dag of wat ná die lesse baie seer en ek moes dikwels met 'n warm waslap oor my mond lê om my oorwerkte gesigspiere tot verhaal te probeer bring.

Ek probeer daagliks om my tong losgeknoop te kry uit die grammatikale penarie wat uit die bloute toeslaan as ek iets in Frans moet verduidelik wat langer is as die twee holrug geryde reëls wat ek uit my kop geleer het. Selfs doodgewone huisgoed het sulke eksotiese name wat moordkuile van my wange en mond maak.

Aan die begin prewel ek oor en oor die name van bekende dinge. Dit laat my voel asof ek uit die foyer van die Hotel de Paris in Monte Carlo stap met die aktrise Catherine Deneuve aan my sy: fauteuil vir leunstoel, nappe de table vir 'n tafeldoek en rideaux vir gordyne. Maar dis in die slaapkamer waar my angsaanval begin. Bid jou aan: Housse de couette vir 'n duvetoortreksel en table de chevet vir die alledaagse bedkassie en hou my vas ... tête de lit vir die katelkop!

'n Double entendre is 'n woord of frase met meer as een betekenis, een daarvan gewoonlik ongepoets. Asof dit nie moeilik genoeg is om Frans onder die knie te kry vanweë die grammatika nie, is daar nog die fyn nuanses in die uitspraak en etlike woorde met dubbele betekenisse.

Ek leer gou hoe maklik 'n kwansuis perfek gevormde Franse woord plotseling soos 'n glinsterende seepbelletjie kan bars en slap eiergeel op jou gesig kan laat beland. Jy dink nog jy sê een ding dan sê jy eintlik iets heeltemal anders. Naarstiglik begin ek dan soek na die beste woord vir askies!

Sekere Franse woorde klink weer na die allersmerigste Afrikaanse vloekwoorde en dis nogal 'n uitdaging om met 'n vriendelike uitdrukking op jou bakkies so te staan en vloek. Neem nou maar iets so eenvoudig soos om by die juwelier vir 'n nuwe kameraof horlosiebatterytjie te gaan vra.

"Batterie" hou slegs verband met trekkers en vragmotors. Die Franse woord vir die kleiner soort batterytjies is "pille" en ek sidder steeds elke keer wanneer ek die woord moet uitspreek.

Vriende van ons se jong dogter het een aand by ons aan tafel histeries aan die lag geraak by die aanhoor van wat sy gedink het ou bekende Afrikaanse vloekwoorde tussen die melodieuse Franse sinne was. Haar pa moes haar met 'n ferm hand na buite lei. Sy het die aand nie weer kom sit nie en glo eers later, toe die huis al donker was, haar nagereg kom eet.

Sy het daarna dae lank sonder waarskuwing skielik onbeheers begin lag en dan weer ewe plotseling opgehou en ernstig voor haar uitgestaar. Die stomme kind wou ontwerpkuns in Parys studeer, maar ek hoor sy is toe maar eerder Londen toe.

Lente is planttyd en so is ek vroeg een dag op pad na Jardiland, 'n landwye kwekerykettingwinkel. Ek is op soek na 'n haastige rankplant wat die lelike garagemuur in Lapeyrouse in 'n japtrap kan toegroei. Laurent en Eric, ons bure en ook ywerige tuiniers, het my die naam van 'n vinnig groeiende plant gegee en ek het die vorige aand lank geoefen om dit reg uit te spreek.

Toe dit my beurt is om aan die soetskeel winkelassistent my

bestelling te gee, is ek skoon dronk geoefen aan die ongewone klanke.

"Bonjour," sê ek en voel hoe 'n effense sweet in albei my oksels uitslaan. "Je voudrais une pine vierge."

Haar dik brilglase wasem 'n oomblik toe en ek kan sweer ek sien hoe sy met bewende vingers na die panic button langs die kasregister soek. Toe sy tot verhaal kom, stoot sy 'n katalogus na my kant toe en beduie dat ek moes wys wat ek wil hê.

Ná 'n vreeslike gesoek lê ek uiteindelik my vinger op die prentjie van die klimplant van my drome. Sy sug kliphard van verligting en roep uit: "Ah ... une vigne vierge!"

Dit is die woorde wat ek wou en moes sê, die Franse naam vir 'n Virginia creeper. "Pine" is 'n baie lelike woord in Frans vir 'n manlike liggaamsdeel. Gelukkig is ek, ten spyte van my vreemde versoek, uiteindelik daar weg met die regte rankplant onder my klammerige arm.

Laurent, 'n regte maltrap, komplimenteer my een dag op 'n geel herfsdag op die hemp wat ek aangehad het. Dit was 'n vaal wollerige werkshemp met donkerbruin en roes strepe en ek wil vir hom sê dis al oud en afgeleef.

"C'est en chien." Foneties klink dit mos net reg en soos die Engelse "ancient".

"Quelle race?" vra hy verbaas.

Die Franse woord vir "antiek" word "aan-sie-ent" uitgespreek (die "t" is sag), maar dit het uitgekom as "aan-sjihen" wat beteken uit hond vervaardig! Dis hoekom Laurent wou weet uit watter soort honderas se vel my bruin hemp dan gemaak is.

So sien ek keer op keer my alie, maar die Froggies gaan my nie onderkry nie. Tussendeur leer ek darem heelwat van hulle gewoontes aan en is met sommige dinge wel suksesvol.

Die Franse maak byvoorbeeld gereeld sulke papmond blaasgeluide. Jy hou jou lippe los en spoeg dan 'n traak-my-nieagtige phfoe-geluid uit. Dit wys dat jy nonchalant is en uiters cool oor 'n saak voel.

Let wel: Daar is 'n groot verskil tussen 'n perdagtige geproes en die uiters beskaafde Franse phfoe-geluid. Jy moet ook tog net seker maak dat jy dit nooit met 'n mondvol kos oefen nie. Ek het dit in elk geval dadelik begin namaak en die tegniek verfyn totdat ek heeltemal Frans gevoel het.

Dan ook dit: Wanneer jy instemmend wil antwoord op iets, blaas jou asem uit en sê: "Oui." Probeer dit. Soms kan jy saggies uitasem, ander kere 'n bietjie sterker. Dit werk soos 'n droom en jy klink so Frans soos kan kom.

4

Ken jou peez en kiouws

Ná 'n paar lang weke se harde werk by La Maison Bleue breek die eerste geleentheid vir 'n wegkomkans uiteindelik aan. Ons wil suide toe. Om te gaan eet, te gaan ervaar en ook om wyn te gaan koop vir ons nuwe kelder onder my tuinateljee op Lapeyrouse, waar die antieke ysterwynrakke helaas nog dolleeg is.

Hardy het vir ons 'n gawe reisplan bedink en ons gaan by spoggerige wynlandgoedere aangaan, in bekende bistro's eet en ons eerste paar Michelin-geakkrediteerde restaurante besoek. Dit alles is deel van ons inskud in Frankryk en meer spesifiek ons Franse kulinêre opvoeding.

Ons koop kiste wyn van Bordeaux, Médoc, Saint-Estèphe, Pauillac, Saint-Émilion, Pomerol, Graves en slegs een of twee bottels Château Margaux en Château Lafite. In Eauze in Gascogne, het ons 'n mooi fles Armagnac gekoop en in die suide die soetwyne beproef. Die Sauternes, die Monbazillac en die voortreflikste van almal: die Muscat de Beaumes-de-Venise.

Dié bekoorlike wyn was glo Joséphine se gunsteling. Sy het glo graag 'n glasie of twee van hierdie nektar saam met haar aandete geniet. Net so mal was haar Napoleon oor sy glasie soet Vin de Constance uit die mooiste Kaap.

Ons eet bouillabaisse in Sète en Marseille en moet vergelykings tref. Ons besluit albei is 'n belewenis, maar dat die bouillabaisse Sètoise met ons prix royale wegloop. Die cassoulet de Castelnaudary, die foie gras en confit de canard van Périgueux, die agneau de Pauillac, die groen lensiegeregte van Puy en die cargolade van Roussillon is ook voorlopers.

Ons grand finale vind plaas by die restaurant van een van Frankryk se bekende supersjefs. Claude Darroze se gevierde restaurant is in die dorpie Langon geleë en verbonde aan 'n sjiek boetiekhotel. Die konsep van 'n boetiekhotel was toe nog vir my volksvreemd, maar ons sou sommer ook ná ons laaste aand van groot eet in die hotel oornag.

Ons kom eers laat die middag by die plek aan, ná ure se sweterige rondry, verdwaal en weer verdwaal. In die keurige foyer van die hotel besef ek gou hierdie is 'n hoëhol-instansie.

Die ontvangsdame in haar pers ontwerperstabberd lyk asof daar orals in die foyer versteekte kameras is waarvoor sy poseer en pronk. Sy kan die moeë en afgetakelde étrangers skaars aanskou en wys die beknopste en donkerste kamertjie langs die hyserskag aan ons toe.

Sy staan ons darem 'n bespreking by die restaurant toe en ek besluit ons beter by aandete vir ons gehawende toestand by aankoms te vergoed.

Ek en Hardy mik inderhaas na die eerste en beste winkel pour hommes (vir mans). Hardy wil nog kyk na iets kleurvols, maar al wat ek vir hom mompel is: "Swart, Hardy, swart." Dit is na aan toemaaktyd en die winkelassistent is nie juis lus om ons te help om Franse kleregroottes te ontsyfer nie.

Terug by die hotel is daar skaars tyd vir stort en skeer voordat ons onsselwers in die nuwe ontwerpersmonderings by die restaurant moet aanmeld.

Ek is doodmoeg van die rondhol op soek na die regte boetiekhotelvoorkoms. Dié tipe look kan 'n mens glo nie koop nie en dis net die cognoscenti wat weet hoe – en niemand wil oorvertel nie.

Dit het glo iets te make met die manier waarop jy jou hempsmoue losgeknoop hou, al het jy 'n baadjie aan. En daar dag ek al die tyd dit het alles met Tod's te doen!

Reeds in die kamer merk ons op dat Hardy se hemp 'n nommer te klein is – en my swart broek etlike groottes te klein! Ek sukkel baie om die rits van my gulp op te kry en slaag uiteindelik daarin deur 'n wilde bokspring in die lug te maak. Ek is heilig oortuig dit is die onnatuurlike druk op my diafragma wat my stem vir die res van die aand 'n oktaaf hoër maak.

So in die verbyloop verbeel ek my dat die verlakte ontvangsdame 'n sagter blik in ons rigting werp. Sy wuif ons met rooi vingernaels na die massiewe draaideure van die restaurant.

Hier moet ek dadelik noem dat draaideure, soos windsoene en walse, my heeltemal ongedaan kan maak. Gegewe my moegheid en fragiele gemoedstoestand (en die hoë stemmetjie) is ons in vir 'n ding.

Die maitre d' staan nét agter die draaideur by sy tafeltjie en besprekingsboek om die gaste te verwelkom en na hul tafels te vergesel. Hy is 'n tipiese Fransman: arrogant en effens bedonderd. Glad gejelde hare in die nuutste boetiekhotelstyl, sy Galliese ken kordaat gelig. Asterix se eie kleinkind – reg vir 'n veldslag.

Nadat ek die vyfde of sesde maal in die draaideure verbygespin het, verdwyn sy glimlag vinnig en 'n ysige blik verskyn in sy oë.

Ek wuif met elke verbygaan vir hom, maar begin gaandeweg simpel voel en gee my gelate aan die draaikolk oor.

Toe ek uiteindelik deur die deure uitgewerp word, beland ek vlak voor hom. So naby is ek aan hom dat ek die ysspikkels in sy irisse kan sien en ook 'n paar vergrote sweetgaatjies op die brug van sy aristokratiese neus.

Teen dié tyd is ek nie net moeg en verdwaas nie, maar ook heeltemal dronk gedraai. Ek trap so 'n paar halfhartige windtrappe soos 'n seerower op terra firma ná 'n baie lang skeepsreis.

Hierdie is 'n waterskeidingsoomblik: ek dink desperaat aan gepaste openingswoorde. Wat ek vooraf in die kamer uit my *Le Robert & Collins* geoefen het, is nou egter totaal vergete. Ek meen om vir die mannetjie op Frans te sê dat ek 'n tafel vir twee bespreek het en dat ons nou hier is vir die groot geleentheid.

"Bonsoir monsieur," sê ek en maak my glimlag 'n bietjie dapperder voordat ek vir hom met die vasberadenheid van 'n ware De la Rey sê: "Je voudrais bien manger toi." (Ek wil jou baie graag eet.)

Dis eers toe die volle sin soos 'n windkous tussen ons hang, dat ek besef wat ek kwytgeraak het. Ek het die veldslag verloor en is boonop seker my broek se knope het begin meegee.

Die meneertjie kyk stip na my, trek sy een gemanikuurde wenkbrou in 'n perfekte boog op en sê ferm: "Peut-être après, monsieur." (Miskien later, meneer.)

Teen dié tyd is Hardy neffens my en ek kan sien hy hou sy lag en maag in om te verhoed dat sy hemp oopskeur. Hy kan sien daar is by my geen greintjie humor meer te vinde nie, dus vra hy sommer dadelik op Engels vir ons tafel.

"Certainly sir! Just follow me," laat val die maitre d' ewe soetjies.

Nou weet ek hoe Caesar gevoel het in sy laaste oomblikke op die trappe van die senaat. Verslane en verraai. Een van die punte van hierdie storie is om te wys dat baie Franse inderdaad Engels kan verstaan en praat, maar slegs moedig genoeg is om dit te doen voor 'n vernederde en verslaande étranger.

Die hele song en dance van die voorgereg, paletskoonmakers en sommelier is by my verby sonder dat ek veel registreer. Ek kom eers weer effens by toe ons die hoofgereg moet bestel. Die kelner begin ongeduldig raak met my wat so doelloos na die spyskaart staar. Ná sy derde harde kug val my oog op een van die duurste geregte.

"Civet de lapin," spoeg ek dit uit. My stem is weer normaal, want so in die sit het my broek se knope heeltemal losgeskeur. Die verligting is enorm.

Hardy se hoofgereg is reeds voor hom toe die breërandbord voor my ingeskuif word.

"Civet de lapin en blah, blah, blah," kondig die kelner aan.

Ek rangskik en herrangskik die donkerbruin, bredieagtige sousigheid op my bord 'n paar keer en vat af en toe 'n beleefde happie. Sleg is dit nie, maar ook nie lekker nie. Vreemde smaak, met 'n magdom klein beentjies daarin.

My rede is in trurat en ek probeer nie eens sin maak van die misterieuse gereg nie. Ek pak die beentjies in netjiese rye op my bord se breë rand uit en beloon my ná elke hap deur 'n gulsige sluk van watter wyn Hardy ook al bestel het in my keel af te gooi. Die kaas en nagereg is ook in 'n waas verby. Ek weet nie hoe ons teruggekeer het kamer toe deur die draaikolkdeure en op met die hyser nie.

Dit is eers toe ek rustig in die bed lê met my woordeboekie op my skoot dat ek weer behoorlik kan fokus. Civette. Dit is sover as ek kon kom. Net die een woord. Civette – 'n wildekatsoort.

Ek kan voel hoe die trane in my oë opstoot. Totaal verslae sit ek my bedliggie af en lê terug teen die kussings, hopende dat die slaap my sal oorval. Frankryk het die eerste ronde gewen en ek kan nie die beeld van 'n berggans wat 'n veer iewers in Kaapland laat val uit my geestesoog verban nie. Miskien sal die oggend verlossing bring?

En so is dit inderdaad. Hardy verlos my uit my foltering deur te verduidelik dat ek civet bestel het en nie civette nie, dus nie 'n wildekat nie, maar 'n wildekonyn. Dit is wel gemaak in 'n heerlike sousie van die dier se eie bloed. Tot vandag toe nog weet ek nie of die een beter is as die ander nie. Maar c'est la vie!

'n Ander soort verlossing kom daardie oggend in die gedaante van 'n handgevormde blokkie botter op die ontbytskinkbord. Dit is Échiré, 'n delikate botter, wat toegedraai is in 'n goue metaalservetjie en verpak is in 'n bourriche (houtmandjie). Dit het die perfekte tekstuur en 'n sagte neutaroma en dit word as die wêreld se beste botter beskou.

Met 'n sny pain de campagne, 'n mildelike smeer Échiré-botter en die kleinste koppie geurige koffie lyk enige oggend weer vol belofte. Ek sê sommer hardop soos Ilsa in *Casablanca*: "Play it once, Sam. Play 'La Vie en rose'."

En dan voeg ek dadelik by: "Je ne regrette rien."

So leer ons geleidelik hoe belangrik dit is om nie net Frans aan te leer nie, maar ook Franse gebruike en etiket. Kyk, ek lees Proust vir pret (ontspan, die vertaalde weergawe) en weet wat 'n visvurk is wanneer ek een sien. Maar hier het ek kom leer hoe die Franse dinge op hulle eie grênd manier doen.

Tydens ons huiwerige toetrede tot formele Franse onthale wil ek heel partykeer amper die hasepad kies, omdat 'n mens soms hare op jou tande moet hê om nie aanstoot te gee nie. "Non! Non! Non, mon chéri," blaas Françoise uit die sykant van haar mooi geverfde mondhoek. "Sit julle twee eers en dan volg ons almal julle voorbeeld," glimlag sy vir my, nadat sy vir die ander gaste haar donker oë plafonwaarts gerol het.

Dis ons eerste dinner paartie met nét Franse gaste en ek en Hardy bly beleef staan sodat die gaste by die formeel gedekte tafel kan gaan sit. Ek probeer ewe galant om die stoel vir Françoise aan my regterkant uit te trek en Hardy probeer dieselfde doen vir Margot aan sy regterkant.

Hm-hm. Hierso doen jy dit anders.

Jy knik hoflik na jou gade, gaan sit dan mooi op jou plek en glimlag vir jou Franse gaste, waarna hulle dan statig in hul aangewese stoele gaan sit. Lapservette word oor skote oopgevou en dan kan jou paartie begin.

Sommige Franse gewoontes is nogal aardig en anders as wat ons in Oranjezicht en Waterkloof sou doen. Ander maniertjies is weer vir ons oulik en te lekker om na te volg.

Wanneer jy byvoorbeeld deur jou Franse vriende genooi word om by hulle aan huis te gaan eet, neem jy nooit as te nimmer 'n bottel wyn of 'n bos blomme saam nie. Jy laat die blomme of die kis wyn (ja, 'n kis – hier kom dit goddank in bokse van drie, ses of 12) die oggend van die ete by jou gasvrou of -heer aflewer.

Dis wragtie sjiek. Dink nou maar net aan hoeveel kere jy moes rondtrippel, met ses mense op jou drumpel wat jy moet verwelkom, terwyl jy nog drie of vier bosse blomme in jou arms probeer vashou. En jou laaste blompot is hoeka gebruik. Nee wat, volgens die Franse is dit sommer slordig. Stuur dit vooraf sodat die gasvrou rustig die blomme kan rangskik en dit met jou mooi handgeskrewe kaartjie in een van die onthaalvertrekke kan ten toon stel. Maak sin, nè?

Sjokolade is die enigste geskenk wat 'n mens durf saamneem. Maar pasop! Die dosie sjokolade wat jy saamneem, sal saam met die gasvrou (en ander gaste) se sjokolade saam met die koffie bedien word. Dis tradisie. Wat jy saambring, word dieselfde aand ten aanskoue van alle gaste aangebied. Vergeet dus van laas Kersfees se Whispers.

As jy voel dat jy 'n sjokolade-ietsie wil saamneem, doen dit dus met styl. 'n Ou Franse spreekwoord sê: geld praat, maar sjokolade sing. Die laaste deuntjie wat jy jou beteuterde dosie sjokolade op die gasvrou se silwer skinkbord wil hoor sing is die Briels se "Een aand op die trein na Pretoria".

Franse etiket is anders as Amerikaanse of Engelse etiket. Hier gaan dit vir hulle nie net oor wat jy doen nie, maar meer oor hoe jy dit doen. Le savoir-faire. Die kennis om te weet hoe.

'n Verdere les wat ons moes leer, was oor stiptelikheid. As goeie Calvinis draai ek altyd my horlosie vyf minute terug sodat ek altyd, of liewer naastenby, betyds kan wees.

So gebeur dit toe dat ons vir aandete by die plaaslike notaris en sy sjiek Paryse vrou in Lapeyrouse genooi word. Ons is presies twee minute voor agt voor die deur. Ek weet toe nog nie van die blomme nie en staan daar met 'n arm vol sint josefslelies. Ná 'n vreeslike geklop aan die antieke houtdeur maak Paulette, ons gasvrou, die deur oop met 'n ligte fronsie tussen haar pragtige wenkbroue.

Ons word vriendelik maar ferm na die salon gelei, waar ons gevra word om te sit. Paulette verdwyn weer vinnig die huis in. Ek steeds met die stoet lelies in my arms.

Les nommer een: In Frankryk kom 'n mens nié op die minuut by jou gasvrou of -heer aan nie. Kom verkieslik 15 of 20 minute laat. Vyftig minute of 'n uur laat sou wel onbeskof wees.

Op 'n sytafeltjie in die salon is 12 sjampanjeglase uitgesit. Paulette kom ná so 15 minute terug en gesels vreeslik vriendelik en neem die lelies by my om dit in die kombuis te gaan sit. Jean-Pierre, ons gasheer, sluit stellig ná nog sowat vyf minute by ons aan, al geselsend.

Die sjampanje bly onoopgemaak in die ysbak en ons sit bykans nog 'n halfuur droëbek totdat die laaste van die ander agt gaste opdaag. Toe eers word die prop uit die bottel gewikkel.

Les nommer twee: As jy dors is, drink eers 'n dop by die huis.

So van drankies gepraat. Dames is veronderstel om slegs een aperitief voor die ete te geniet. Nie twee of drie nie! Jamais! (Nooit.) Anders word daar stellig na jou verwys as une femme anglaise – 'n Engelse vrou.

By die tafel is daar darem verlossing. Wel, soort van. Dikwels word daar eers van die hoofgereg af wyn bedien. Dit gebeur selde, of ooit, saam met die voorgereg.

Toe ons enkele jare later die Château de la Creuzette in 'n gastehuis omskep waar ons Suid-Afrikaners ontvang, moes ons die

'n Tafellandskap met 'n Suid Afrikaanse tema.

❧

Daar is heelwat etiket verbonde aan formeel onthaal
in Frankryk, maar ons het vinnig geleer!
Die kristalkandelare op die tafel kom van ons
besoeke aan die brocante (vlooimark).

kelner met moeite oortuig ons doen 'n "le service sud-Africain", om hom sover te kry om die wyn te skink vandat die gaste aan die tafel kom sit.

Les nommer drie: 'n Mens skink nooit-ooit jou eie wyn nie. Die gasheer, gasvrou of kelner skink dit. Al vergaan jy van die dors. Drink maar jou Evian. Of as jy wil spog, jou Chateldon. En onthou: Die groot glas is vir water en die kleiner glasie vir die wyn. Helaas!

Jou snytjie brood of die rolletjie word links bo jou plek op die tafel geplaas en nie in of op jou bord nie, tensy daar 'n broodbordjie gedek is. Dit sal ook bo links van die vurke geplaas word, eerder as links van die bord. En voordat ek vergeet, slaaiblare word gevou en op jou vurk gestapel, anders as die Suid-Afrikaanse gebruik om dit in repies te sny. Non!

Kaas is 'n ander storie. In Frankryk sal jy in die meeste huise en goeie restaurante vind dat 'n mes en 'n vurk vir die kaasgang gedek word. As jy by mense aan huis eet, sal dit meestal reeds gedek wees en by restaurante sal die kelner dit tafel toe bring ná die hoofgereg.

Kies met die eerste slag wat jy alles wil hê, want dis taboe dat die kaasbord twee keer verbykom. (Twee porsies kaas stuur die boodskap aan die gasvrou dat jy die kaas – die enigste gereg wat sy nie self gemaak het nie – meer geniet as die geregte wat sy wel voorberei het óf dat die hoofgereg so karig was dat jy die laaste hol kol op jou maag met kaas moet vul.)

Die kaas word dan met 'n mes en vurk geëet. Begin met die sagste, gegeurde kaas en eindig met die skerpste. Ja, jy word fyn dopgehou!

As jy lus het vir 'n stukkie brood (nooit beskuitjies nie), sit jy jou mes en vurk netjies neer, breek 'n stukkie brood met die hand af en eet dit so. Nooit, nooit, nooit mag jy 'n toebroodjie maak of die brood as implement inspan terwyl jy die kaasgang eet nie!

Tandestokkies kan ook groot blapse meebring. Soos jou lipstiffie of aansteker, dra 'n goeie gas syne of hare saam in hul handsak of baadjiesak. 'n Bedagsame gasvrou mag dalk 'n flessie tandestokkies in die gastetoilet los.

In 'n goeie restaurant of Franse huis sal jy nooit as te nimmer die houertjie tandestokkies saam met die sout, peper en mosterd op die tafel vind nie. Sou jy dit daar sien, moet jy weet jy is in 'n toeristevilla.

Moet asseblief nooit probeer om die stukkie slaai of vleis aan tafel met 'n tandestokkie, hand voor die mond, te probeer uitgrawe nie. It's just not done. Geen mens wil in jou waterige oë kyk terwyl jy tussen jou krone krap nie. Verskoon jouself en gaan doen dit iewers privaat. Asseblief.

Sou jy die tafel moet verlaat om die tandestokkieritueel te gaan doen, moet jy jou pragtige antieke linneservet op die sitplek van jou effens uitgetrekte stoel los en nie op die tafel waar die ander gaste die smeermerke daarop moet aanskou nie. As jy jou stoel heeltemal terugstoot, beteken dit jy verlaat die tafel permanent. Dit kan nogal konsternasie uitlok, veral as jy nie lekker kan Frans praat nie. Been there, done that!

Oor die algemeen is Franse reëls, tradisies en maniertjies om die tafel 'n bietjie anders as wat tant Emsie en Nataniël ons leer. Maar soos al twee hierdie stylmakers sê, basiese beleefdheid is reeds 'n goeie begin.

Frankryk is 'n koninkryk van hoflikheid. Die woorde bonjour (goeiedag), merci (dankie), au revoir (tot siens) en s'il vous plaît (asseblief) is reeds 'n goeie begin. En as iemand vir jou dankie sê, antwoord jy je vous en prie (jy is welkom) of de rien (dink niks daarvan nie).

By Franse etes word daar, soos eintlik oral in die wêreld, van jou as genooide gas verwag om te "sing for your supper". Die bedoeling is dat jy onderhoudend moet kan gesels met die persone aan jou linker- en aan jou regterkant. Kos, politiek (ja, wraggies) en kuns is die drie hoofonderwerpe. Jou geldsake hou jy asseblief vir jouself.

Daar is die mooi storie oor Coco Chanel wat 'n ryk Amerikaner in haar Paryse woning onthaal het omdat hy van haar ontwerpe in New York wou gaan verkwansel. Die luidrugtige oom het gedurende die aand begin rondskuif aan haar pragtige rangskikkings sneeuwit tulpe wat in 'n ry Lalique-vase in die middel van die tafel geplaas is.

Toe die oom kla dat hy kwansuis nie die persoon oorkant die tafel mooi in die oë kon kyk nie, het sy hom vanuit 'n ysige hoogte meegedeel: "Meneer, weet u dan nie dat u genooi is om met die persoon aan u linkerhand en aan u regterhand te gesels nie? Om u sinne dwars oor die tafel te lanseer is doodgewoon kru."

So, liewe leser, al kan jy nie vir Suzi met die sjoebroekie oorkant jou duidelik in die visier kry nie, klets maar na links, en as jy nog woorde het, na regs. Jou gasvrou het heel moontlik haar beste trou-geskenke op haar tafel tentoongestel. Soms is ek 'n bietjie aspris met my tafelversierings, net sodat ek dié mooi storie kan vertel wanneer gaste my rangskikkings of kandelare begin rondskuif.

Ons het die afgelope 21 jaar baie van die Franse maniere aangeleer, maar wanneer niemand kyk nie, maak ons maklik op 'n Sondagaand dagwood-toebroodjies met kaas en als wat die koelkas bied, ons drink wyn nog voor die gaste aankom en geniet die lewe asof daar geen reëls is nie.

5

Die blou huis en die klippe van die Creuse

Vir twee opwindende jare is die huisie in die skewe straat in die Auvergne ons wegkomplek. Hardy speel op daardie stadium nog bankier in Kaapstad en ek gee steeds klas by die Michaelis-kunsskool.

Maande se langverlof het oor die jare opgegaar en ek spandeer elke moontlike oomblik in la France profonde. Ek plant beddings vol baardirisse en peonies en verkyk my aan die rooiborsies wat in die meidoringbosse kerjakker. Ek het tevore rooiborsies nog net op Europese Kerskaartjies gesien.

Van my nuwe ervarings skilder ek doeke vol en ná my tweede tentoonstelling in Parys in 2000 besluit ek om af te tree en voltyds op die Franse platteland te kom woon. Soms is ek weke aaneen net op myself aangewys en ek geniet die skeppende tyd in die tuin of ateljee.

'n Vriend van ons het Simone aan my voorgestel. Sy doen los huiswerkies vir mense in die omtes. Haar man is in die tronk omdat hy 'n polisieman geklap het. Simone werk glo om 'n paar ekstra frank te verdien, maar ek is oortuig dis eintlik omdat sy by die huis verveeld is en 'n bietjie afleiding soek.

Simone is 'n pragtige en goed bedeelde blondine. Meer Germaans as Frans in herkoms, skat ek. Bedeeldheid het in Frans 'n pragtige poëtiese beskrywing: Il y a du monde au balcon – die wêreld en sy maat is op die balkon. Simone hou van stywe jeans of sjoebroekies met 'n bont los-knoopbloesie daarby. Haar lippe is immer rooi en sy bind haar weerbarstige krulle op haar kop vas. Dan laat waai sy met die Hoover dat die stoffies so staan.

Ek is gewoonlik in die ateljee besig wanneer Simone klaarmaak en haar geldjie vir die dag se skoonmaak kom haal. Die ateljee was voorheen 'n klein bakkery. Dis lekker ruim, 'n paar esels met half-klaar doeke en tekenborde staan altyd wagtend rond.

Dié spesifieke blou Maandag is ek juis in my ateljee besig om die finishing touches aan 'n mooi stillewe van blou irisse te maak toe sy aan die oop deur klop. Callas sing full blast oor die luid-sprekers. Ek maak die diva se stem stil.

"Quoi de neuf?" (Wat's nuut?) vra sy.

Kan sy nie sien ek werk nie? "Ek verf," sê ek met my kwas in my hand, effe geïrriteerd. Ek wys na haar koevertjie op die tafeltjie by die deur, hopende dis die einde van die storie.

"Skilder jy ooit naakstudies?" vra sy en trek die blou strik in haar hare los, sodat die krulle goud oor haar skouers val. Sy leun teen die deurkosyn soos 'n wafferse almanakmodel wat in oom Ben die stoute mechanic se garage op Middelburg hang.

"Ek kry nie die geleentheid nie, daar's nie eintlik modelle hier nie." My stem klink 'n rapsie te hoog. Ek is nie verniet met die helm gebore nie. Ek voel 'n ding aan die kom. Dit raak skielik warm in die ateljee.

Met haar een tekkie stoot Simone die ateljee se deur behendig toe en knoop haar bloes oop. Daar's sweet op my bolip, dit prik onder my arms en daar is 'n druising in my ore.

Simone gaan sit op die hoë stoeltjie reg voor my. Ek ruik die soet sjampoe van haar blonde boskasie. Sy maak haar buustelyfie los en laat dit saam met die bont bloes op die grond val. Ek sweer ek hoor Callas nog steeds sing. "Liebestod", of so iets Wagneriaans.

Ek oorweeg dit om deur die oop venster te ontsnap, maar 'n man het sy trots.

Simone sien my na die venster kyk. "Verf," sê sy en kyk my stip aan.

Die leë doek op die esel voor my word my skild. Genadiglik is die ding op wiele en dit word 'n barrikade tussen my en haar. Net vir die wis en die onwis.

Ek moet my nek akrobaties maneuver om haar mooi in my visier te kry. Ek verf soos nog nooit tevore nie. Sodra ek die een skets voltooi, knip ek haastig nog 'n vel pastelpapier op die esel vas. Die vertrek is 'n sauna, maar ek téken. My hande is vol pastelkryte.

Sodra Simon haar mond oopmaak, sit ek nog 'n skoon vel teken-papier op die esel.

"Moenie beweeg nie!" beveel ek van agter die tekenbord. "Sit doodstil. Ek maak 'n meesterstuk." My hande beef soos 'n bejaarde man s'n.

So gaan dit aan totdat die kerkklok sesuur slaan. Simone kyk verward na haar horlosie, pik haar bloes en buustelyfie van die grond af op en trek dit vinnig aan. Sy gryp na die koevert en pluk die deur oop. Sonlig stroom die ateljee binne. My verkoelingstel-sel skakel weer aan en als bedaar in die ateljee.

"Sien jou volgende week, jy skuld my oortyd hoor!" roep sy op pad uit.

"Ne te stresse pas!" (moenie bekommer nie) gil ek manhaftig uit die hoek van die vertrek. "Bye, bye."

Ek gaan sit op die rusbank in die hoek van die ateljee. Hier kon dinge lelik skeefgeloop het vandag. Praat nou van saved by the bell. Later, op 'n tentoonstelling van my in Kaapstad, is die reeks van nege naakstudies die heel eerste werke wat verkoop. Ek het Simone egter nooit weer gesien nie. Sy en haar man het glo suide toe getrek nadat hy uit die gevangenis vrygelaat is. Ek het tot vandag toe nog die blou haarlint in 'n houtkissie waarin ek goeters wegbêre wat vir my kosbaar is.

Kort ná die Simone-episode besluit Hardy dat hy genoeg gehad het van snyerspakke en sydasse en bedank as bankier. Hy hoor duidelik die verleidelike Galliese roepstem, of dink hy miskien ek het beskerming nodig teen aspirantmodelle wat aandring om geskilder te word?

Vir 'n permanente tuiste vir twee mense is La Maison Bleue net te klein. Ons twee is in alle opsigte elk op ons eie manier larger than life.

Net daar begin die soektog na ons droomhuis. Wanneer Hardy uit die Kaap in la France profonde kom kuier, gaan kyk ons letterlik na 'n paar honderd huise op 'n keer.

Ons het baie lief geword vir die Auvergne, al spook dit helder oordag. Die pragtige vulkane naby Clermont-Ferrand wat 'n mens van die ateljee se stoepie kan sien, het in ons harte gekruip. Ons neul by die eienaars van die plaaslike châteautjie om die plek aan ons te verkoop. Elke keer kry ons dieselfde reaksie: "Mais non!"

Toe klop ons maar by elke groterige dorpshuis, plaashuis en skuur aan. Ons het selfs na die verlate skoolgebou op 'n naburige dorp gaan kyk. Vir als wat 'n deur het, sê ek ja, want ek wil so gou as moontlik nesskop om die Franse lewe properlies te begin lewe.

Hardy, altyd die nugter een, spreek sy bedeesde mantra oor en oor uit: "Wag 'n bietjie, wag 'n bietjie, Louis, die regte ding sal gebeur."

Dan is daar die kliphuis met die baftablou krismisrose wat skouerhoogte staan, die watermeule wat in 'n kothuis omskep kan word, 'n verlate ou skuur in die middel van 'n boord kersiebome. As dit nie was vir die geniepsige kragpale op die grenslyn van die klein plasie nie, was laasgenoemde dalk ons nuwe tuiste.

Daar is ook 'n kasteel in die Loire te koop. Toe die agent ons met 'n blink limousine oplaai, besef ek dat ons pensioengeld en die spaarvarkmunte nie die ding gaan doen nie. Ons speel egter saam en geniet die skyn van tien sitkamers en 20 reuseslaapkamers. Om nie van die 45 hektaar woud om die kasteel te praat nie. Ek wou nog altyd in 'n woud woon. Hoe het my ma gesê, dit waarvoor jy wens word waar ...

Ons begin wyer in la France profonde rondsnuffel. Die Creuse-streek, wat deel uitmaak van die Limousin-streek, trek veral ons aandag. Hier vind jy om elke hoek en draai groot woude en waar eens afvalhope en stortingsterreine was, word eikeboomplantasies aangelê. Dis 'n slim idee van die Franse om die natuur op hierdie wyse so 'n hupstoot te gee. Daar is nou glo meer bome in Frankryk as wat daar in die Renaissance-tydperk was.

Die Creuse spog ook met natuurlike waterbronne en die botter-geel kalksteen waarvan die Franse argitektoniese erfenis deurtrek is. Daar is 'n mooi volksliedjie van Jean Petit, "Les maçons de la

Creuse", wat die spesiale klippe en veral die klipkappers van hierdie gebied huldig. In my eie woorde klink dit naastenby so:

Kyk na die Panthéon en al die paleise,
kyk na die Tuileries en die Louvre,
die Odéon en die mooi Notre-Dame.
Op al hierdie monumente
kan Frankryk baie trots wees,
en vir elk daarvoor moet sy
die klipkappers van die Creuse bedank.

In vervloë dae was die klipkappers van die Creuse die werklike helde van Frankryk. Dit is miskien een van die talle redes waarom my hart bly haak aan die plek van bloed, sweet en trane. Luidens die geskiedenisboeke, begin een van die mees buitengewone staptogte denkbaar iewers in die negentiende eeu op die eerste Sondag in Maart.

Duisende mans en seuns verlaat hulle huise en families in die Creuse en begin die 400 km-staptog na Parys. Hierdie odussee neem hulle na die hoofstad, waar hulle as klipmesselaars gaan werk. Dis die begin van die lente en daar is baie wat op die plase en kleinhoewes gedoen moet word. Hierdie take word goedertrou aan die vroue en dogters oorgelaat.

Die mans is besig met 'n groter en belangriker taak van nasionale belang – Parys word herskep. Skouer aan skouer werk man en seun aan die glorie van Frankryk. Hulle keer weer aan die einde van November terug na die Creuse waar dit winter word. Wanneer mense van hierdie kontrei die lied met trots en oorgawe sing, is daar selde 'n droë oog in die gehoor.

Dié merkwaardige storie is deel van die Franse geskiedenis, toe trekarbeiders uit alle ambagte die land deurkruis het op soek na werk. Parys was gewoonlik die bestemming waarheen almal hoopvol gemik het. Elke streek was bekend vir 'n spesifieke ambag: die kantmakers van Caen, kamerbediendes van Bretagne, slotmakers van Lyon, die sangers van die Haute-Marne, skoorsteenveërs van die Savoy en die steenkoolverkopers uit die Auvergne.

Om terug te keer na die klipmesselaars van die Creuse: Niemand weet presies hoekom duisende klipmesselaars die Limousin jaarliks verlaat nie. Daar was genoeg ruimte en plek om 'n eenvoudige, maar volhoubare bestaan te maak. Dis is miskien 'n saak van eer en trots.

Die ander rede waarom ek aangetrokke is tot dié streek lê in die kunsgeskiedenis. In die Creuse vind 'n mens groot mere en die dramatiese samevloeiing van twee riviere wat deur verskeie Impressioniste geskilder is. Monet en Renoir het dié indrukwekkende tonele kom skilder. Die streek het sy eie Impressionistiese beweging gehad, die Crozants.

Die Creuse is 'n gebied vol verrassings. Die uitgestrekte eikewoude waarna ek vroeër verwys het bied skaduryke skuiling vir takbokke en steenbokkies. Die hout van die Franse eik is wêreldbekend en word gebruik vir die vervaardiging van wynkuipe.

Wildevarke of sangliers, soos die Franse die reusagtige bosvarke noem wat algemeen hier voorkom, word deur die boere gevrees omdat hulle landerye in 'n japtrap in puin kan lê. Dis so erg dat die Franse regering spesiale vergoeding aan die boere bied vir enige skade wat deur die wildevarke veroorsaak word. Die stomme dier is ook die mees gejagte soogdier in Frankryk want sy vleis word hoog aangeskryf. In die winter verskyn civet de sanglier, stadig gestowe in 'n ryk rooiwynsous, op die meeste spyskaarte.

Die Creuse is vol mooi dorpies en volgens legende is daar meer as 'n duisend châteaus. As jy 'n klossie bome in die landskap gewaar, wees verseker dat daar tussen die groen van seder en eikehout tien teen een 'n pragtige herehuis wegkruip.

Op 'n dag gewaar ek en Hardy in 'n internasionale eiendomstydskrif die kleurfoto van 'n verweerde châteautjie in die middel van 'n veld blomme. Dit dateer uit die era van Napoleon III en heet La Creuzette. Ons is dadelik smoorverlief op die grande dame. Ons vind eers baie later uit dat die blomme eintlik halsstarrige onkruid is.

Château de la Creuzette is reg in die middel van die dorpie Boussac in die Creuse. Boussac is 'n oulike dorp en 'n landelike kommune met 'n indrukwekkende kasteel wat oor die toneel toring. Die dorpie met sy kliphuise op die walle van die Petite Creuse-rivier is reeds vanaf die Romeinse tyd (bekend as Bociacum) 'n hegte boeregemeenskap.

Die Franse skrywer George Sand het van haar boeke in die 12de-eeuse Boussac-kasteel geskryf. Gedurende die 19de eeu was die kasteel die tuiste van die sous-préfet van die streek. (Die sous-préfet is iets soos 'n streeksadministrateur.) In daardie stadium het die reeks van ses bekende tapisserieë, *La Dame à la licorne* (*Die Vrou en die eenhoring*), nog in situ in die Boussac-kasteel gehang.

Sand is onmiddellik deur die wonderskone reeks geweefde narratiewe bekoor en sy het oor hul meesleurende skoonheid geskryf. Toe sy op 'n dag weer die kasteel aandoen, is die muurtapyte egter skoonveld. Ná 'n uitgebreide soektog kom sy agter dat die Rothschild-familie in Parys besig is om die oorname van hierdie kunsskatte te bekonkel.

BOUSSAC (CREUSE) - CHATEAU DE LA CREUZETTE

Edit. Molat & V᷉ Greuzat

'n Ou poskaart van La Creuzette.

Oorkant bo: Die advertensie dat
La Creuzette te koop is.

❧

Oorkant onder: Ons eerste winter
in die château.

Sy skryf daar en dan 40 dringende briewe aan monsieur Prosper Mérimée wat op daardie tydstip die inspekteur-generaal van historiese monumente was. Hy was in vervoering nadat hy die stukke in die burgemeester van Boussac se kantoor gaan besigtig het. Hulle was reeds opgerol en muise het in die voue van die onskatbare weefwerk nesgemaak.

Sand en haar trawante oortuig toe die regering om die kunswerke te koop en te laat restoureer. Ná vier jaar word *La Dame à la licorne* in ere herstel. Ek het die tapisserieë as 20-jarige student met sterre in sy oë vir die eerste keer in die Musée de Cluny gade geslaan, min wetend dat ek eendag gaan woon in die dorpie waar die tapisserieë eens gehang het.

Nadat ons die foto van La Creuzette gesien het, kan ek en Hardy nie ons opgewondenheid beteuel nie. Die agent kan ons eers oor twee weke neem om die château te gaan besigtig, maar g'n mens kan so lank wag nie. Die tydskrifartikel dui nie aan in watter dorp die château is of wat die adres is nie. Dit is eers nadat ons 'n paar dosyn dorpies platgery het, dat ons deur Boussac se hoofstraat verby 'n hoë klipmuur ry waaragter daar 'n park vol bome uitsteek.

"Daar's La Creuzette!" skree Hardy en gooi amper die motor om toe hy teen die sypaadjie opry.

Die klipmuur is hoog en dit verg 'n akrobatiese spanpoging om bo-op die muur te kom. Ná die gespartel sit ons uitasem soos tieners op die muur en aanskou die tafereel voor ons. Die tuin is verwaarloos en die gras het in lang jare nie 'n grassnyer gesien nie.

Die paleis is indrukwekkend. Sy is omring deur seder- en kastaiingbome, 'n selfversekerde skoonheid waarvan net 'n paar hortjies vasberade aan een skarnier bly klou.

"Dis verskriklik groot," sug ek mismoedig en begin teen die muur afsukkel. Ek is oortuig dat Hardy sal saamstem dat die vervalle ou château heeltemal te groot vir ons drome is. Hy reik na my hand en trek my weer teen die muur op.

"Wag," sê hy, weer met daai kyk in sy oë. "Ons kan mos altyd 'n gastehuis oopmaak..."

6

Die sleutels tot die paradys

"Ce sont les clés du paradis." (Hierdie is die sleutels tot die paradys.) Hertogin Marie Helene Angelique Sophie Eugenie Saint Gal de Seigner staan met haar voete dig teenaan mekaar in die voorportaal van La Creuzette. Haar swart Christian Louboutin-hofskoene is vlekkeloos, ten spyte van die silwer waterplasse wat oral in die tuin opdam ná 'n onverwagse lou herfsreën. Die water glim somber op die antieke blou teëlvloer.

Haar tweestuk is die kleur van 'n vroegoggendse hemel, grou, maar nie kil nie, en onmiskenbaar Chanel. Die tekstuur van die materiaal het effens veryl ná jare se afborsel en pars. Die snit bly kraakvars en getuig van die meesterlike snykuns van haute couture.

Op die kraaglose baadjie, skuins bo haar hart, is 'n delikate borsspeldjie vasgesteek: 'n goue seilbootjie waarvan die seile uit ragfyn filigraanwerk gemaak is. Agter die hoofmas staan 'n vrouefiguurtjie, regop en fier. Aan die boeg se punt hang daar 'n pragtige donkergrys barokpêrel wat met elke beweging rinkel. Ek kan my oë nie van die kinetiese spel afhou nie, want dit lyk kompleet asof die bootjie in volle vaart op 'n liggrys lamswolsee seil.

Sy hou 'n sak vol sleutels na ons uit. Die blou van haar oë lyk wasig en droef. Haar mond eerder gelate as ferm. Sy draai om, die huis in. Ek en Hardy staan met die sak enorme ystersleutels – vir die oop- en toesluit van die hekke, poorte en deure van ons eie kasteeltjie in die Fransland – in ons hande.

Ons het La Creuzette die eerste keer van binne gesien toe ons die château vroeg een oggend op afspraak besoek. Die laning wilde-kastaiings, sederbome en eikebome was so indrukwekkend dat ek soos 'n kind in 'n geïllustreerde verhaal gevoel het. Ek kon reeds die hangmatte en piekniekkomberse sien ... die druppeltjies kondensasie tel wat teen yskoue bottels wyn se nekke afglip.

Binne die château is dit 'n ander storie. Die hertogin beantwoord daardie dag self die deur en wys ons sonder seremonie die grondvloer se salonne en kombuis. Daar is hoë plafonne met beeldskone sierbande, kandelare van kristal en indrukwekkende marmerkaggels in elke vertrek.

Die potensiaal is enorm, al is daar hier en daar 'n bars of kraak en stukkende vloerplank. Dié moet 'n mens maar miskyk. Die eetsalon is vol opgestopte bokkoppies, wat baie na duikertjies lyk maar hier chevreuil genoem word. In die jagseisoen verskyn hul vleis op almal in die dorp se tafel. Die geheelbeeld is nietemin opwindend.

Op die eerste vloer is daar vyf ruim slaapkamers met net een badkamer aan die einde van die gang. Elke kamer het darem 'n waterkloset – 'n klein badkamertjie met 'n wasbak en 'n bidet.

Ons sou later 14 bidets met toilette laat vervang. Ek sou soos Duchamp van ouds ook my konseptuele kunswerk uit die magdom bidets kon skep. Sou g'n stuk by sy urinaal afsteek nie.

Daar is ook 'n warmwatersilinder wat ongrasieus in die middel van die gang op die vloerplanke vasgeskroef is.

Die kamers is almal beplak met helder muurpapier uit die sestigerjare. Daar moes destyds 'n rondreisende muurpapiersmous by Boussac aangedoen het, want ons sou later van dieselfde papier in ander huise op die dorp opmerk.

Ek is teen dié tyd nie meer so braaf nie en toe ek die tweede verdieping sien, sak my moed in my skoene. Hier is ook vyf slaapkamers. Die plafonne is egter baie laer en die marmerkaggeltjies baie kleiner. Dit was glo die kinderkamers en 'n suite vir die bediendes.

Daar is nie woorde om die toestand van die kamers mee te beskryf nie. Laat ek volstaan deur te sê dat daar 'n boom deur 'n gaping in een van die kamermure gegroei het. Nou wel nie een waarvan jy die jaarringe sou kon tel nie, maar steeds.

Nee, dink ek, dit gaan nie werk nie. Hardy begin ook senuagtig kug, 'n duidelike teken dat hy ongemaklik raak.

Die kelderverdieping is op dieselfde patroon gebou, sewe vertrekke met gewelfde plafonne halfpad ondergronds en halfpad bogronds. Die vensters makeer omtrent almal en dié wat deur die genade aan hul ou skarniere hang, is glasloos.

Ons ry stom terug na Lapeyrouse en kruip sonder veel woorde in. Ná 'n rukkie praat Hardy uit die donker kamer oorkant die gang: "Slaap jy al?"

"Nee, ek kan ook nie slaap 'ie," antwoord ek.

Hardy se bedliggie gaan aan en lang skaduwees kruip teen die gangmuur op. "Waaraan dink jy?" vra hy, nou helderder.

"Aan La Creuzette," sê ek met die laaste vaak in my stem.

"Ek ôk." Sy ysterbed kraak toe hy opstaan.

Ek knip my bedliggie aan. "Ek het 'n blink plan. Kom ons gaan kyk weer na die plek en ons begin dié keer op die boonste verdieping waar dit nag is en ons werk ons weg na benede waar die son vrolik deur die vensters skyn." En ons maak toe ook so. Op die boonste vloer dink ons die château is buite die kwessie, want die kamers is net in só 'n toestand. Deur een van die plafonne groei 'n slingerplant wat vir my baie na 'n treurwilgerloot lyk.

Op die grondvloer begin dinge egter reeds beter lyk. Hardy begin kopkrap en ek mompel: "Miskien tog, miskien is dit tog 'n moontlikheid."

Toe ons op die pragtige blou teëlvloer in die voorportaal te staan kom, skree ons al twee luidkeels: "Waar kan ons teken, ons koop die plek!"

Die koopkontrak word gou opgetrek en ons koop selfs 'n paar pragmeubelstukke by die hertogin, dié wat haar sewe kinders nie wil hê of voor plek het nie. Van die antieke sleebeddens verkwansel ons later wel, want g'n Suid-Afrikaner sal in die kort bedjies tot ruste kan kom nie. Ek het een baie lang nag diagonaal in een deurgebring en dit was die einde van die sleebeddens.

Ons goeie vriende uit die Kaap koop ongesiens die Maison Bleue in Lapeyrouse by ons. Hardy het vir ons vriendin Anet Pienaar-Vosloo 'n paar foto's gestuur en vertel dat ons na 'n groter plek soek. "Ons koop dit!" kom haar dringende antwoord uit die Kaap van Goeie Hoop.

En so begin die groot trek. Dis 'n pakkerasie wat skrik vir niks. Waar op aarde kom 'n mens aan al die aardse besittings in so 'n kort rukkie? Dis stoeltjies en tafeltjies, potjies en snuisterye van die brocante (vlooimark) – van 'n ysterhamer met 'n sierlik gekerfde handvatsel en ysterkatels wat in lêbanke omskep word tot 'n opgestopte wilde vleivoël wat op 'n droë tak sit.

Laat my toe om net 'n paar oomblikke stil te staan by die brocantes wat in Frankryk as 't ware as 'n nasionale tydverdryf beskou word. Elke Sondag in die somermaande hou dorpies hulle brocante of vide-grenier (solder skoonmaak).

Op die brocantes word alles onder die son verkwansel, soms teen weggeepryse. Daar is enigiets van potte en panne tot onpaar kunstande, maar ook antieke ware wat deur bekende handelaars aangebied word en versamelings waardevolle skilderye en beeldhouwerke. Soms is daar selfs 'n kartondoos vol kuikens of 'n mandjie met twee hasies daarin. Ek het eenkeer twee pronkduiwe en 'n kis irisrisome by 'n ou tannie gekoop.

Sommige brocantes het al groot bekendheid verwerf en mense kom van heinde en verre om met silwerware en seldsame objekte te smous. Jy kry dus maklik 'n Christofle-teepot langs 'n afkop-Barbie of 'n leë parfuumbottel neffens 'n Daum-kristalvaas. Daar word van jou verwag om binne perke oor die prys te kibbel en almal glimlag breed oor elke winskopie wat raakgeloop word.

Dis 'n groot affêre en gewoonlik is daar 'n os of 'n ot wat rokerig oor 'n draaiende spit braai, draairoomyse wat klewerig oor jou hande smelt en, soos enige plek in die wêreld, 'n barbe à papa (spookasem op 'n stokkie). Die mense maak musiek en al die veld is vrolik. Die rosé en bières blondes (lagerbier) word gulsig weggesluk.

Wat die brocantes so opwindend maak vir die duisende aasdiere wat in die somer op die plattelandse dorpies toesak, is die moontlikheid dat jy dalk 'n Monet of Picasso kan ontdek. Regtig! Nie lank gelede nie koop 'n opgewonde Pool 'n erg beskadigde Vincent van Gogh in 'n dorpie naby Arles in die suide van Frankryk. Die stillewe van kwepers en kappertjies is gebruik om die draadhekkie van 'n hoenderhok op 'n plaas te versterk.

Nadat die vonds bekend gemaak is, het 'n televisiespan op die arme boer en sy vrou toegesak. Hulle het die plaas omgekeer op soek na 'n moontlike tweede meesterstuk. Maar helaas, daar was net 'n paar ou klompe op die solder.

Toe hulle die boer se vrou vra of sy nie spyt is dat hulle nie eerder die kunsskat gehou het nie, antwoord sy: "Fwieee, ek hou niks van kwepers nie en met die €50 kon ek die hoenderhok se hekkie mooi regmaak. Om die waarheid te sê, ek kon 'n hele rol ogiesdraad koop." En sy lag dat haar tandvleise pienk glinster.

'n Brocante kan 'n paar klein tafeltjies om die stadshuis wees of 'n hele dorp kan deur brocanteurs oorgeneem word. Daar is die welbekende Braderie de Lille wat spog met meer as 200 km se uitstalruimte, met verskeie parkeervelde vir die duisende besoekers. Sommige van die groot brocantes in die suide het só handuit geruk dat die verkoopsdames op polvye rondstaan met pryslyste wat die gesogte items se pryse in dollar aandui.

Ons kry uiteindelik wel al ons besittings ingepak. Die C15 word flou gery tussen Lapeyrouse en Boussac en ons wag met groot opgewondenheid op die trek uit Afrika. Ons kleinode is per skip tot in Marseille gestuur en met 'n vervoertrok tot voor La Creuzette se deur gebring. So begin ons toe uiteindelik een grys Januariedag met die intrekskofte by La Creuzette.

Ons trek La Creuzette toe met die
nuwe yskas op die C15 se dak.

Winterkapperjolle op die Franse platteland.

Omdat La Creuzette 'n vakansiehuis vir die somer was, het dit geen sentrale verhitting nie. Die hertogin en haar gesin het hulself op koel aande bloot lekker voor die kaggels tuisgemaak.

Ons gaan dit as voltydse huis gebruik en moet dus verhitting oorweeg, maar ons is nie te haastig om oor dié duur proses te besluit nie. Ek het gedink dat die Franse te veel van 'n harlaboerla maak oor die koue en dat my rits DeLonghi-elektriese verwarmers ons knus en snoesig sal hou. So is dit toe ook die eerste drie sonnige dae van ons verblyf. Ek moet wel my termiese onderklere verdubbel, maar tout va bien (alles gaan goed).

Maar toe daal die kwik een donker nag tot -15 °C. Net ná vier die oggend bewe ek myself wakker. Aanvanklik dink ek Hardy het op 'n Spaanse radiostasie ingeskakel om my op te kikker, maar dit is toe al die tyd die geklap van my porseleinkrone. Ek laat nie op my wag nie. Ek spring uit die kooi en prop 'n derde DeLonghi by die muur in en stel dit summier op sy warmste.

Phafff!

Vonke skiet deur die skemering en die reuk van verkoolde elektriese draad hang in 'n vuil blou wolkie bo my troppie gebluste verwarmers. Die ligte werk darem nog, maar al die muurproppe is buite aksie.

Noodgedwonge wriemel ek my laaste stel termiese onderklere oor my slaapkabaai aan en daarby my leerbaadjie, bergklimkouse, 'n lelike pers wolserp, en ja, oplaas ook 'n Kangol-beanie wat ek tot by my wenkbroue aftrek. Toegetrek onder die wavrag komberse en my grootjie se haaskaros, dink ek toe maar aan Racheltjie de Beer en verval in 'n ysige beswyming.

Dit is seker drie dae later toe Hardy en 'n vriendin, Lynn die Boerin, my onder my veer-en-vel-skuiling probeer uitlok. Ek laat wys my snoet net so effens en groet afgetrokke. Met groot deernis in haar stem sê Lynn: "Kyk, Loeiste (soos sy my noem), ek het vir jou 'n verlosser gebring."

Ek lig my snoet 'n fraksie verder onder die kooigoed uit en in die raam van die deur staan 'n lang, maer man wat my onmiddellik aan my versameling ou movie posters laat dink. Hy lyk soos Clint Eastwood in *The Good, the Bad and the Ugly.*

My verlosser is Bernard Bollinger (helaas, geen verbintenis met die sjampanjefamilie nie), 'n elektrisiën met 'n paar rooi cowboy-stewels, wat 'n noodkabel vanaf die kelder tot in my slaapkamer sal span sodat ek weer my geliefde DeLonghi's kan aanskakel en stadig ontdooi. Hy boor soos 'n wafferse kragman gate deur die dik klipmure en kom lê kort voor lank die dik swart elektriese kabel neffens my bed neer. Ek kan nou weer my trop verwarmers inprop sonder om 'n totale verduistering te veroorsaak.

So 'n dag of wat later is ek goed ontvries en kan ek dit weer bui-tentoe waag met slegs 'n dubbele stel van alles aan my lyf. Ek moet sê, die geure uit die kombuis, waar daar 'n gawe pot-au-feu (potjie-kos) aan die prut is, het grootliks tot my nuwe beweeglikheid bygedra.

Ons hou sommer daar in my slaapkamer 'n vergadering met die verhittingsmaatskappy se verkoopsvrou. Prys is lankal nie meer die hoofoorweging nie, spoed wel. Sy is op haar blinkleerhakkies daar weg met die belofte dat hulle ná die naweek met die instal-lasie sal kan begin indien ons die kwotasie goedkeur.

Ek belowe haar hart en siel dat sy maar haar spannetjie in 'n ry kan staanmaak vir die komende Maandag. Februarie, glo die koudste maand in Frankryk, lê nog voor. Ek sal voorbereid wees wanneer Februarie kil en grys haar skirt op die horison lig.

Die wyses sê 'n mens besit nooit as te nimmer 'n château nie – die château besit jou. Dit was iets om aan te herkou toe ek enkele weke later die knoppie op die verhittingspaneel so 'n rapsie verder opdraai, die kurk uit 'n Châteauneuf trek en gemoedelik die eerste vlokkies sneeu sien val.

7

Sement is die nuwe brons

"Geagte meneer, my beminde vrou se broerskind is gisteraand nie ver hiervandaan nie in 'n modderige ploegland deur 'n trekperd doodgeskop. Hier is ek nou met my verwese familie op jul dorpsmark om deur die gunste en gawes van vreemdes 'n paar ellendige euro's bymekaar te skraap vir 'n ordentlike kis en 'n beskeie begrafnis."

Dié woorde glip aaneengeryg uit die sigeuner se mond en oor sy gebarste lippe. Daar is 'n diep kuiltjie in sy ken soos akteur Kirk Douglas s'n.

"Ek kan sien dat u, geagte meneer, die soort mens is wat die pyn in die hart van 'n ander kan voel."

Met sy klam hand gee hy my arm 'n paar gevoelvolle drukke . . . sien ek wraggies 'n traan in sy donker oë? Die reuk van goedkoop twak en knoffel wasem warm teen my skoongeskeerde wang. 'n Bruin korreltjie tabak sit in die hoek van sy mond.

Die vaalgroen vyfeuronoot word met verblindende spoed dubbel gevou en in sy diep broeksak gesteek. Ek draai vinnig om en verdwyn gekwes tussen die groentestalletjies.

"Die gode seën jou, meneer!" roep hy agterna.

Sy woorde volg my tot by 'n tafel vol louwarm spanspekke waar ek skuiling gaan soek. Uit pure verbouereerdheid wou ek een optel, daaraan snuif en druk, maar ek weet nou al van beter. As jy die herrie wil sien losbars, moet jy Franse groente of vrugte optel of aanraak. Jamais!

Heel aan die begin van ons lewe in Boussac het ek een lenteoggend by die plaaslike mark vol bewondering 'n takkie klein tamatietjies opgetel en daaraan geruik. Dit was hemels, die ferweelgroen takkie met 15 perfekte robynrooi tamaties. Die plaastannie het my heeltemal uit my beswyming geskrou. Ek moes die speekselspatsels van my nuwe donkerbril se lense en raam met die voorpant van my katoenhemp afvee. Ek loop tot vandag nog 'n draai om haar stalletjie.

In Frankryk is daar meer as drie miljoen sigeuners en 'n mens sien hulle dikwels in en om die plattelandse dorpe. Hulle reis hul hele lewe lank van dorpie tot dorpie in dieselfde département (streek).

Etimologies gesproke kom die woord sigeuner of die Engelse "gypsy" van die Griekse woord "atsingani" wat in die 9de eeu verwys het na rondswerwende groepe mense wat graag musiek maak, towerkunsies doen en ongelukkig 'n reputasie ontwikkel het dat hulle steel. Die Franse gebruik die woorde gitan, tzigane, bohémiens en gens du voyage (swerwers) om na die sigeuners te verwys.

Dis alombekend dat die Roma (die naam het niks met die stad Rome te doen nie) oorspronklik van die Punjab- en Rajasthanstreke van Indië afkomstig is en dat hulle via die Iranse plato na Europa migreer en eindelik in Frankryk via Boheme beland het. Vandaar die verwysing na bohémiens.

Wat baie mense niks van weet, of niks van wil weet nie, is dat hierdie kleurryke groep mense van vroeg reeds wreed vervolg en mishandel is. Daar is tydens die Nazi-regime meer as 'n miljoen sigeuners vermoor en in strafkampe uitgewis. Dit was nog tot in die laat sewentigerjare 'n wet in Noorweë en die Tsjeggiese Republiek dat sigeunervroue hulle ná hul eerste kind moet laat steriliseer.

Vandag wend Unesco 'n bewuste poging aan om vir sigeunergroepe beter lewensomstandighede te bewerkstellig. Die handgeverfde woonwaens wat hulle eens bewoon het, het nou plek gemaak vir oorwegend wit Mercedes-paneelwaens, dikwels met 'n satellietskottel wat windskeef op die dak pryk. Geen mens wil die Wêreldbekersokker of *Grey's Anatomy* misloop nie.

Partymaal ry 'n mens verby 'n lang wit kavalkade of jy sien die laers wat hulle aan die dorpsgrense trek, bont wasgoed wapperend tussen die paneelwaens. Daar is ook altyd 'n brak of drie wat tussen die rommel en konkavure rondkrap vir 'n verlore tjopbeentjie.

Anders sal jy hulle een dag net skielik by jou plaaslike dorpsmarkie opmerk. Die vroue verkoop dikwels eenvoudige bosse veldblomme, 'n erdebeker vol beenwit varkore of klein, delikate bossies pers violette. Sommige dames sal jou trompop loop, en voor jy weet is jou hand klam in hare vasgevat en kyk sy na jou handpalm asof sy die snelroete na Parys soek.

Die mans staan rond met hul hande diep in die blink swart broeke gebêre, oë soekend na die eerste oogkontak om praatjies te maak met die oog daarop om iets aan jou te verkwansel of 'n diens aan te bied. Hulle kan stoele regmaak en die tin vervang aan die verweerde binnekante van gesogte Franse koperpotte en panne.

Een aand ry ons naby Boussac in 'n sigeunerlaer vas. Die wit paneelwaens is om 'n Hansie en Grietjie-huisie geparkeer en 'n groot vuur brand hoog in die middel van die werf. Die groep is in 'n kring om die vuur bymekaar.

Ek skakel uit nuuskierigheid die motor se enjin af en draai die ruit oop. Twee mans is besig om wiegend en swaaiend die meesleurendste vioolmusiek te speel. Met die instrument ferm onder hul kennebakke vasgeknyp, beweeg hulle die strykstokke swiepend deur die aandlug. Die musiek is, soos die nag, vol vuur, 'n herkenbare heimwee en diepste verlange na iets wat verlore is.

'n Jong sigeunermeisie staan uit die kring op en begin 'n lied sing wat die hare tot op my stuitjie laat regop staan. Ek herken nie 'n enkele woord wat sy sing nie, maar die emosiebelaaide melodie is veraf bekend. Haar gesig verander telkens in die rooi en oranje gloed van die vuur.

Daar is miskien 'n spatsel sigeuner in elkeen van ons. Dié nag weet ek dat ek beslis 'n karavaan sou kon pak en die nimmereindigende kronkelpad my tuiste sou kon maak. Ons ry stillerig huis toe en ek loer vir oulaas deur my oop kamervenster na die melkweg voor ek my gordyne toetrek.

Die volgende oggend is daar nog so 'n gevoel van andersheid oor my wese, maar ook net totdat ek Hardy kliphard in die tuin hoor swets. Al vier ons wieldoppe en die C15 se agterste nommerplaat is weg. Ek maak toe maar die CD met Liszt se "Sigeunerdanse" stil en stem die radio op Nostalgie in.

Dit was ongelukkig nie ons laaste blootstelling aan die gewoontes van die sigeuners nie. Op 'n ander keer is dit feesnaweek op Boussac. Die dorp is aan die kook, vol besoekers en boorlinge wat die straatkafees op die dorpsplein volsit.

Stalletjies vol kaggelkak, tuisgebak, versuikerde vrugte en barbe à papa (spookasem). Musiek en stemme spat deurmekaar oor die keisteentjies. Die flikkerende liggies is betowerend en maak skadu's op die perdjies van die immer draaiende mallemeule, die verstarde glasoë soekend in die kriewelende kinderskare.

'n Jongerige sigeunerman met 'n pap ferweelpet staan afgetrokke die slinger van sy draaiorreltjie en draai. 'n Melankoliese wysie uit die suide – "La Java Bleue". Op 'n verslete geel babakombersie lê 'n krulhaarhondjie gedwee en luister na die soet klanke van sy baas se treurige lied. 'n Oopgesnyde Orangina-blikkie wag op uitgooimunte.

Die gefuif hou deurnag aan en ek staan ondanks my oorpluisies moeg en tam op. Op pad na die bakker vir ons daaglikse croissants ontdek ek by die voorhekke tot my skok dat Diana, 'n lewensgrootte sementbeeld van die godin van die jag, gedurende die nag van haar klipstaander in die tuin verdwyn het.

Toe sien ek dat Hermes, boodskapper van die gode, wat aan die anderkant van die plataanboomlaning gestaan het ook weg is. Ons het Diana en Hermes nog in die Kaap by 'n vriendelike Italiaanse vrou gekoop en hulle saam met ander tuinmeubels en dinge na Boussac gebring.

In die klam oggendgras is daar duidelike spore wat getuig dat een of ander sleeptuig ons sementgode in die nag kom ontvoer het. Die netjies oopgeknipte draadheining bevestig finaal wat die nag in La Creuzette se tuin gebeur het.

Nadat die twee beelde in Frankryk aangekom het, het ek hulle op prominente plekke in die voortuin staangemaak, maar gou besef dat hulle heeltemal te vaal en wit teen die donkergroen loof van die bome lyk. Ek het hulle toe met verf en kwas bygedam en

Hardy en Anet Pienaar-Vosloo doen inkopies vir kandelare.

Ek en Ton maak clafoutis.

Ookant: Hardy op die steierwerk in La Creuzette se kombuis.

die sementbeelde in bronsgode omskep. Nadat ek hulle met bye-waspolitoer opgepoets het, het hulle pragtig teen die park se groen uitgestaan.

Ons vriende Anet en Ton Vosloo het intussen ons bure geword. Hulle het die huis langsaan gekoop nog voor dit werklik op die mark was, so ywerig was hulle om la vie française saam met ons deur te maak. By hulle is daar groot restourasieprojekte aan die gang en ons het dadelik 'n poort in die château-muur tussen ons huise laat aanbring sodat ons kan kom en gaan sonder oponthoud.

Anet kom van langsaan na die twee leë kolle op die gras kyk en ons gaan saam polisiestasie toe. Sonder 'n happie croissant.

Ek druk die klokkie seker 20 keer voordat sersant Du Pont ons in haar hees Gauloises-stem groet. Sy kan my die oggend nie mooi hoor nie en ek moet my storie 'n paar keer aan die stom grys mikrofoon van die kantoor se interkomstelsel herhaal. In Frankryk moet jy mos 'n afspraak maak as jy 'n polisielid wil spreek, jy waai nie soos 'n warrelwind by die voordeur in nie!

Sy moet seker handdoek ingegooi het, want ek is besig om vir die hoeveelste maal my verhaal in die klein grys metaalblokkie in te herhaal, toe sy skielik voor ons staan.

Dit neem ons ongeveer 'n uur en 'n half om die 30 nodige vorms in te vul. Du Pont skryf met haar linkerhand, as mens dit skryf kan noem. Daar is 'n diep roeskleurige nikotienvlek tussen haar wys- en middelvinger.

Anet moet inderhaas haar fotoalbums gaan opknip sodat ek foto's van die twee beelde kan inhandig. Hoe kan die polisie 'n soektog loods as hulle nie weet hoe die objekte onder bespreking lyk nie, vra Du Pont met 'n frons.

Twee weke later is ek net mooitjies besig om 'n lekker stuk baguette met 'n dik sny brie en 'n druppende konfytvy in my gulsige mond te druk, toe die telefoon lui. Dit is sersant Du Pont wat my triomfantlik meedeel dat ek die Gouzon-polisie moet kontak insake gesteelde goedere. Nee, sy kan nie die telefoonnommer vir my gee nie, ek kan dit self in die plaaslike gids opsoek.

Ons tjorrie is in die werkswinkel weens akute uitputting, maar gelukkig het Anet 'n rats vlootblou Peugeot-stasiewa. Ons is in 'n japtrap daar en moet toe hoor ons moet nóg 40 vorms invul. Dié keer in drie verskillende kleure: geel, wit en groen.

Daarna lei 'n bebaarde jong polisieman ons na die pakkamers op die buiteplein. Daar is hulle, ons gevalle gode. Sowel Diana as Hermes se koppe is af. Hermes het die slegste daarvan afgekom, met twee af arms en 'n vergruisde voet daarby. Ons laai die sementslagoffers met moeite in die stasiewa en neem hulle na La Creuzette terug.

Die polisie het die beelde in die woud buite die dorpie Lépaud, sowat 19 km van Boussac, gevind. 'n Groep sigeuners het vir die nag daar gekampeer. Te oordeel na die rommel en leë wyn- en brandewynbottels wat saam met die gebroke beelde agtergelaat is, was dit 'n jolige partytjie.

Sigeuner se kind was seker oorstelp van blydskap oor die vonds van die twee "antieke bronsbeelde" en die gedagte aan die geld wat die brocanteur vir die kosbare vrag sal betaal. Die ontnugtering moes dus erg gewees het toe hulle in die ongenaakbare roes van die oggendlig uitvind die beelde is van beskeie sement gemaak.

Wie die laaste lag, lag die lekkerste.

Dit kos my 'n paar weke om die beelde weer naastenby staande te kry. Hulle lyk toe eintlik meer outentiek as tevore. Diana is nou armloos en ding met die beroemde Venus de Milo mee wat in die Louvre staan. Met elke verbyloop dorp toe groet ek my bronsgode met 'n skewe laggie: "Salut, mes amis!" (Hallo, my vriende.)

Hardy wil hê dat ek hom moet gaan wys waar die swerwers ons Griekse gode opgekap het. Ons ry volgens my aanwysings tot by die afdraaipad na die plek in die woud waar die sigeuners gekamp het. Daar gekom, ignoreer Hardy egter my aanhoudende protestasie en draai in 'n toegegroeide bospaadjie af.

"Wat is dit met jou? Het jy dan nie ore nie?" My stem is donderweer.

"Wag, jy sal sien, ek gaan jou iets baie mooier wys as 'n leë sigeunerkamp. Kyk daar!"

Tussen die bome deur sien ons die toring van 'n inmekaar getuimelde château. Ons ry nader en klim uit. Die château se toring is nog staande. Reg voor die toring stel 'n knoetserige pruimboom sy eerste bloeisels spoggerig ten toon.

"Dis verlate," sug Hardy.

Ons bespied die wêreld en die volgende oomblik sien ons agter tussen kastaiingbome 'n indrukwekkende jaghuis op die rand van 'n geheimsinnige woud. Dit kriewel in my binneste. Die gevoel is iets tussen wonder en begerigheid.

"Ek gaan by die dorpshuis hoor of die plek in die mark is," sê Hardy en wuif oor die veld vol rooi papawers asof hy reeds die landheer is.

"Nee!" skrou ek dat die spoeg eintlik spat. "Een château is soveel as wat ek kan hanteer! Ons is nog nie naastenby klaar met die restourasie by La Creuzette nie en jou oë dwaal reeds!"

Hierna ry ons in doodse stilte terug na La Creuzette.

8

Asse-flippen-blief!

Net voordat 'n mens geheel en al moed verloor met die uitgerekte wintermaande in Frankryk, gebeur daar teen laat Maartmaand 'n wonderwerk. Die Franse lente breek aan. Dit is natuurlik iets heeltemal anders as die blitslentespel in Suid-Afrika. Hier kondig die lente 'n geleidelike ontwaking, delikaat en vol nuanse, aan.

La Creuzette se tuin is toentertyd meesterlik beplan en vertoon die lentetoneel op sy beste. Die eerste tekens van nuwe lewe is plate sneeuklokkies wat oral onder die bome verskyn. Hulle skitter en blink in die sagte son. Die Franse noem die fyn wit klokkies "perce-neiges", wat letterlik "sneeudeurdringers" beteken.

Hierna verskyn daar plasse geel, pers en wit krokuskelkies met dik goudgeel stuifmeeldrade en 'n oorvloed saffraandraadjies. Dan kom die wilde affodille en narsings aan die beurt, gevolg deur kobaltblou blouklokkies. Teen dié tyd is die bome ook aan die bot en die eerste teer groen blaartjies van die lente vou versigtig oop.

Die platteland en sy mense gaan nou ook oor tot aksie. Hortjies en luike word oopgegooi en diegene wat ondernemend is, verf 'n nuwe laag oor die verweerde kleure van die vorige jaar. Tapyte word uitgeklop, kristalkandelare gewas en koperpotte gepoets vir lentegeregte.

Oompies met geboë rûe staan douvoordag reeds in die potager.

Hul groentetuintjies is in netjiese rye omgedolwe en die eerste rabarber en aspersies word gepluk. Vir my wag twee van die heel beste lentegeregte denkbaar. Ek kan aan niks lekkerders dink nie as die delikate smaak van varsgebakte rabarbertert en 'n klontjie crème fraîche nie. Of die eerste aspersies, vinnig gestoom, met 'n hollandaise- of beurre blanc-sousie. Maar heel bo-aan die lys is 'n handvol grasgroen wilde aspersies, vinnig geblansjeer en met 'n klontjie vars botter voorgesit.

Merveilleux! (Wonderlik.)

Ons is ook besig om die vere reg te skud en beplan om 'n rits nuwe badkamers te laat installeer. Die bidets moet waai en ons lomp loodgieter Loïc Delbard, 'n kort, fris mannetjie met effense uitpeuloë en 'n beleë camembert-asem, word ontbied.

Loïc het altyd 'n grappie of twee gereed en sy bewondering vir die Eva-geslag is legendaries. Hy het op 'n keer 'n ligte konsternasie veroorsaak toe hy een van ons Paryse vriendinne se derrière op ons trappe betas het. Vinnige en bitsige woorde is gewissel.

"C'est la fin des haricots!" Ek dog ons vriendin vra vir nog van die groenboontjies van gisteraand se ete, maar wat sy eintlik bedoel is dis nou die laaste strooi. Loïc is doodluiters en lag-lag met die trap op: "Arrête ton char, madame!" Dit weet ek beteken iets soos get a life, mevrou! Sy het haar ken nog hoër as gewoonlik gelig en is in 'n ysige wasem vort. Terug beskawing toe.

Die chambre de madame is eerste op die lys en ons laat 'n pragtige bad met klouvoete installeer. Ek skilder fantasielandskappe van bome en poue op die mure terwyl die loodgieter 'n nuwe toilet en wasbak in die ou waterkloset inbou. Dit is nogal snaaks om so met hom in die nabyheid te werk, want sy risqué grappies is 'n gawe manier om die dag mee te begin.

Sodra die klok twaalfuur aankondig, kom als tot stilstand. Die werksmense se gereedskap word neergelê en tonge klap genoegsaam oor die maaltyd wat voorlê. Dan word daar twee volle ure lank geëet en gedrink en niks op die aarde kan die eeue oue ritueel versteur nie. Wie dit sou waag om inbreuk te maak op dié heilige tyd, sou gou agterkom dat dit beter is om selwers by die naaste bistro in te hop en rustig te gaan eet.

Ek het een keer so 'n bloutjie geloop, nadat ek byna my nek gebreek het om net voor 12 by 'n winkel in te storm en met 'n oorwinnaar se glimlag aan die monsieur agter die toonbank te beduie wat ek wil hê. Hy het my vierkantig in die oë gekyk en beleefd gesê: "Bonjour, monsieur" en so ewe bygevoeg "bon appétit", voordat hy my gegroet het met 'n "au revoir". Sonder om my te bedien.

Ek het op die plek omgedraai en my na die naaste bistro gehaas. Op die spyskaart was asperges sauvages avec sauce hollandaise (wilde aspersies met hollandaise-sous), poulet rôti au citron, (gebakte suurlemoenhoender), pommes de terre nouvelles (jong aartappeltjies) en die wonderlikste tarte à la rhubarbe (rabarbertert). Dit was so delikaat en die gemmersousie te heerlik, met 'n lepeltjie crème fraîche daarby. Daar was nog 'n paar minute oor voordat ek weer die monsieur agter die toonbank kon gaan bydam en ek het 'n koffietjie bestel. 'n Noisette. 'n Geurige espresso met die allerkleinste skeutjie room om die neutkleur te kry, vandaar die naam.

Ons het nou al geleer om ons klein koppies swart koffie te geniet en dat die café au lait grand crème slegs deur buitelanders bestel word. Dit word altyd van gister se ou, oorverwarmde moer gemaak en spesiaal vir die toeris met baie melk en suiker opgedis.

Vir die locals en ingeligtes word un petit noir vars en stomend voor jou neergesit. Vive la France!

By die huis vryf loodgieter Loïc sy pofferhandjies tevrede. Die nuwe badkamers is uiteindelik gereed en ek kan nie wag om die hele spul een vir een in te wy nie. Als gaan voor die wind en werk soos dit behoort te werk.

Die volgende oggend is sonnig en pragtig, 'n lui Sondagmôre met croissants en koffie in die kooi. Nadat ek my petit déjeuner verorber en die hele nuwe badkamerinstallasie weer getoets het, gooi ek behaaglik die dubbelvensters oop en tuur oor die park uit. Die tuin is 'n ware lushof. Maar toe kyk ek af, en my oog vang 'n vreemde gesig. Tussen die irisknoppe deur borrel en kook daar 'n ongure moeras – 'n alleraaklige gemors met stukkies toiletpapier in.

Ek is met 'n stink spoed die trap af om te gaan ondersoek instel. 'n Paar treë van die toneel af bevestig die reuk reeds my ergste vermoedens. Die splinternuwe bad en ander badkamergeriewe is aan die antieke Franse dreinstelsel gekoppel en ná een keer se gebruik loop dit oor.

"S'il vous-fokking-plait!" skree ek vir Loïc. Geen mens kan met die antieke septiesetenkstelsel saamleef nie, ons moet dadelik 'n plan maak.

Loïc sê die enigste oplossing is om ons badkamers aan die dorp se rioolsisteem te verbind. Siende dat die huis in die middel van 'n park van twee hektaar geleë is, sal dit nogal 'n gegrawe afgee, maar Loïc sal verlof by die mairie (burgemeesterskantoor) kry en 'n kontrakteur vind om 'n kwotasie vir die grawewerk te verskaf.

Toe die kontrakteur die ellelange kwotasie kom aflewer, is Hardy behoorlik onthuts: "Nooit betaal ek soveel vir rioolpype nie! Dan grawe ek eerder self die slote met 'n teelepel!"

Die kontrakteur steek nog 'n Gauloises Blondes aan en tuur die vertes in asof hy 'n ruimtetuig gewaar het. Hy is later druipstert daar weg, want hy kan sien dat die Boere nie beïndruk is nie. In die wegloop sê hy vir ons dat daar soliede rots is waar ons moet grawe en dat dit die rede vir sy hoë kwotasie is.

Merde! Gelukkig het ons 'n vriend met 'n (piepklein) laaigraaf en ons besluit om 'n kans te waag. Nadat ons verlof by die mairie gekry het, begin Hardy en die vriend die slote grawe.

Eers pas die voertuig nie mooi deur die hekke nie en ons moet die agterhek met groot moeite afhak. Toe ons vriend die laaigraaf die tweede keer omgooi, neem Hardy oor. In sy ywer skraap hy egter 'n waterpyp middeldeur. Die fontein is vir 'n splitsekonde beeldskoon en daarna word alles modder.

Volgens legende is La Creuzette op 'n Romeinse markplek gebou. Toe Hardy en die loodgieter uiteindelik die waterpyp reggemaak het, bring hy drie potskerwe uit die moddersloot te voorskyn. Groot is ons teleurstelling toe die argeoloog op die dorp ons later heel saaklik meedeel dat die skerwe nader aan Corningware as antieke Romeinse pottebakkery is.

Dit is die einste argeoloog wat met die Romeinse mark storie rondloop. Elke keer wanneer hy ons gewaar, vra hy ons wanneer ons nou in alle erns met ons opgrawings gaan begin.

Daar is toe geen rotsriwwe nie en ons is spoedig met die dorp se stelsel verbind en kan voortgaan met die installasie van die ander badkamers en die nuwe kombuis.

Ons maak net betyds met die grawery klaar, want kort daarna begin die lentereëns vir weke aaneen val. Loïc en sy pa is al dae lank doenig en moet een spesifieke dag die watertoevoer afdraai sodat hulle krane kan vervang en die kombuis se nuwe opwasbak insit. Oudergewoonte lê hulle op die kop twaalfuur hulle gereedskap neer en verkas om te gaan eet. Ons moet tog net asseblief nie die toilette gebruik nie, is hul versoek.

Ek en Hardy is op die boonste vloer besig en ook gereed om soos beskaafde Franse te gaan eet. Albei van ons wil 'n draaitjie gaan loop, maar nie een van ons sien kans om die reën buite te trotseer nie.

"Kom ons piepie sommer in die wasbak, dan gaan eet ons. Dit sal mos nie kwaad doen nie," sê ek so ewe selfvoldaan.

So gemaak, so gedaan en ons is af na die kombuis vir 'n lekker middagmaal. Die volgende oomblik hoor ek net Hardy sê: "O hel!"

Op die stoof staan Loïc se blou metaal gereedskapskis, oop gekonsertina vol tange en goeters. Net bokant die kis hang 'n half afgesnyde koperpyp. Dis die afloop van die wasbak in die badkamer bokant die kombuis. Hierdie pyp was verbind met die opwasbak se gryswaterpype. Met 'n plonk val 'n laaste druppeltjie in die oorvol gereedskapskis.

"Nee, jissis man, ons het in hulle kis gepie!" Ek wil huil. "Wat nou?"

Ons maak die hele etenstyd lank die kis skoon en spoel elke item netjies af en vryf dit droog. Ons pak dit versigtig in die silwerskoon kis terug, en net betyds, want die twee is terug en gereed om met hulle werk aan te gaan.

Ons groet hulle oorvriendelik en los hulle in die kombuis met die blink gereedskapskis. So halfpad met die gang af hoor ons Loïc aan sy pa sê: "Vreemde ouens, die Suid-Afrikaners ... Hulle is so vriendelik en dan maak hulle nog ons gereedskapkis skoon terwyl ons gaan eet."

"Bisar," sê die oom. "Bisar."

Dit neem ons uiteindelik amper 'n volle vyf jaar voordat ons die deure van La Creuzette vir gaste kan oopgooi. Ons het onder meer 'n state of the art-kombuis en eetkamer in die buitegeboue ingerig. Tevore was hierdie statige rooibaksteengebou stalle vir ses perde en daar was ook twee groot ruimtes waarin koetse en treppies gebêre kon word. Dit is 'n groot gebou met pakkamers, saal- en toomkamers en nog 'n paar ander vertrekke, wat ons in agterkombuise en koelkamers wil omskep.

Die dakkamer, waar die hooi en voer vir die diere gedurende die winter geberg is, gaan my ateljee word. Die vertrek is toe onder eeue se stof en daar is ook 'n eskader uitgelate vlermuise.

Omdat die begroting altyd die hoofrol speel, probeer ons baie dinge self doen. Die mees omvattende verandering in die buitegeboue is dat 'n nuwe vloer in die ateljee geïnstalleer moet word. Die bestaande solderplanke is baie prekêr.

Ek is een dag onder in die toomkamer toe ek 'n kraakgeluid hoor. 'n Rukkie daarna roep Hardy skor. "Help! Kom hier. Waar's jy?" En toe nog harder: "Bring die blerrie leer!"

Ek sit my saag neer en gaan stel ondersoek in. 'n Wankelrige houttrap lei na bo en daar, tussen hemel en aarde, steek Hardy se bene deur die geel plafon. Al twee sy bene is omtrent heeltemal deur die dak. Daar is nog 'n tekkie aan een van sy voete, die ander een het afgeval.

Dit neem my 'n rukkie om die leer op te spoor en ek en die tuinier moet Hardy uit die dak lossny. Ons al drie is op die ou end asvaal van die stof en skok. Hardy loop nou nog 'n bietjie mank as hy die dag aansitterig wil wees, veral nadat hy die storie met 'n paar kinkels by oorvertel het.

Restourasie verg moed, harde werk en heelwat geluk. Hier doen Hardy sy bes met die muurpapier.

Oorkant: Die "before"-foto van La Creuzette se sitkamer.

⟿⟾

Onder: Die trekkertjie wat omgedop het toe ons rioolpype aangelê het.

Die ou mense sê mos slegte dinge gebeur in drieë. Dis nie lank ná Hardy se dakmanewales nie, toe ons een winter vergeet om La Creuzette se pype te dreineer. Wanneer jy in Frankryk jou huis vir die wintermaande toesluit, is jy veronderstel om al die buitepype en waterpype leeg te tap en die verhitting in die huis op hors gel (die frost-free setting) te stel. Dit is iets wat jy jaarliks móét doen. Ons is egter besonder haastig om in Suid-Afrika te kom en dit het ons heeltemal ontgaan.

Dit is eers toe ons enkele maande later, uitgelate na 'n lang somervakansie, weer La Creuzette se swierige voordeure oopsluit, dat ons die omvang van die rampspoed gadeslaan. Die waterpyp in die badkamer van die hoofslaapkamer op die eerste vloer het gebars, omdat die water daarin gevries het.

Die water het deur die vloerplanke en plafon gesypel. Die sitkamer, of grand salon, wat reg onder die kamer is, is in 'n ge⁻ hawende toestand. Die matte is papsopnat en die plafon vol reuseblase. Party het reeds gebars terwyl ander nog geduldig drup. Van die muurpapierpanele hang lusteloos aan draderige leksels gom.

Die kersie op die koek is om te sien hoe hoog die water deur die sygordyne opgeslurp is. Kniehoogte. La catastrophe! Of dalk liewer la calamité of le désastre. Dit kom op dieselfde ding neer – 'n ramp!

9

'n Skaapboud in 'n sokkie…

❧

Die restourasie van La Creuzette het darem nie net pyn en lyding gebring nie. Daar was ook 'n ander kant aan die louis d'or-muntstuk, Louis XIII se 1640-voorloper van die Krugerpond. Nadat die restourasiewerk amper afgehandel is, is een van die lekkerste dinge om met die binnenshuiseversiering te begin. Ons doen navorsing oor die Napoleon III-styl en kom agter dat dit een van die meer eklektiese Franse dekoratiewe style is. Dit pas my soos 'n handskoen, want ek hou van mix and match. Ek bedoel, hoe opwindend om 'n geboë glaskoffietafel voor 'n vergulde Louis XVI-bank te plaas, wat op 'n Savonnerie-tapyt staan wat die hele prentjie saambind.

Daar's 'n mooi storie aan die naam en oorsprong van die handgeknoopte Savonnerie-tapyte. Gedurende die middel van die 17de eeu het duur Turkse tapyte 'n goue eeu beleef. Die Franse regering het toe besluit om 'n inheemse produk te skep wat die begerige Franse adel tevrede sou stel.

Die eerste groot tapytfabriek was in 'n eertydse seepfabriek (Frans vir seep is savon) in Chaillot in Parys. Hierdie matte, à la façon de Turquie (op Turkse wyse), het blitsvinnig versamelstukke geword, veral nadat die regering die invoer van matte uit die Ottomaanse Ryk en die Ooste verbied het. Aan die begin is Turkse en

Persiese patrone nageboots, maar gaandeweg het 'n egte Savonnerie-styl ontwikkel. Hierdie luukse wol- en symatte bestaan uit sierlike medaljonpatrone en weelderige blomgerwe wat deur veelvuldige sierbande omraam word. Exquis!

Ek en Hardy snuffel in antieke winkels rond en ons ry kilometers agter brocantes aan. Ons besoek veilings en vendusies vanaf Parys tot by L'Isle-sur-la-Sorgue in die suide. Terselfdertyd leer ons die platteland goed ken. Hardy word die kenner van tapyte, tapisserieë en Baccarat-kristal. Moi kan weer Christofle-silwer op 'n afstand eien. Ek hou van interessante stukke soos antieke Limoges-porseleinportrette en polichroom-houtpapegaaie.

Kristalkandelare is 'n ander ding waarvoor Hardy 'n swakheid het. La Creuzette het amper twee dosyn nodig en hy is op 'n missie. Onthou tog net dat die begroting soos 'n roofdier om elke hoek en draai met groot grou oë vir ons loer.

Op 'n keer staan ons in 'n antieke winkel in 'n buurdorp en elkeen van ons swymel voor 'n begeerlike voorwerp. My begeerte is 'n 18de-eeuse slagtersblok wat perfek in La Creuzette se kombuis sal pas.

"Hardy, kyk, hierdie blok is net die regte ding vir die kombuis!" sê ek. Hy kom afgetrokke nader en neem die prysetiket in sy hand.

"Nee jong, dis te duur. Jy vergeet klaarblyklik dat ons 'n budget het," brom hy.

Hy loop terug na waar sy begeerte – 'n glinsterende kristalkandelaar – soos 'n wisteria van glas uit die dak hang. Ek loop deur se kant toe maar hy roep my terug.

"Dis die perfekte kandelaar vir die voorportaal," sê hy en wys na die dak.

"Wat kos dit?"

"Nie te veel nie, ons sal net 'n maand of twee 'n bietjie moet fyn loop."

"O," sê ek ewe verontwaardig en begin weer deur se kant toe beweeg. "Ek dag ons begroting laat vandag niks toe nie?"

"Wag nou man, ek het 'n plan. Ek gaan die eienaar vir 'n goeie prys vra as ons al twee items vat. Slim nè?"

Ek begin sommer hardop te lag, want ek ken al vir Hardy as hy eers begin onderhandel. Ek gaan maak solank die kattebak van die trokkie oop.

Met die restourasiewerk aan La Creuzette leer ons soveel nuwe vaardighede en liefdes aan. Ek kan byvoorbeeld deesdae self mure afpleister as dit moet. Al twee van ons leer ook baie oor die Franse kookkuns, want ons werk elke paar weke met sjefs van regoor die wêreld en dit hou ons op ons kulinêre tone.

Dit is egter Hardy se kennis van en liefde vir tapisserieë wat die opwindendste en verrykendste toevoeging tot ons lewe word. Dit begin alles met ons eerste paar besoeke aan Aubusson, wat net om die draai van Boussac is. Goeie vriende van ons besit 'n fabriek waar hulle tapisserieë restoureer en vervaardig en dis daar waar ons die A tot Z van die weefkuns leer.

Aubusson is die bakermat en hoofstad van die ryk en fabelagtige Franse tapisseriegeskiedenis. Dit is gewoonlik die heel eerste bestemming op ons gaste se agenda en Hardy is seker die passievolste toergids, want hy ken elke knoop en steek van die meeste van die kunswerke in die tapisseriemuseum in Aubusson.

Hardy begin kort voor lank self ons groot en groeiende versameling 17-eeuse en 18-eeuse wonderwerke estoureer. Hy het doodgewoon by een van die meesters gaan leer en nou het hy 'n versameling kleurvolle tolletjies garing wat my buisies verf 'n run for their money gee.

Omdat Hardy tapisserieveilings onweerstaanbaar vind, is al die moontlike ruimtes in La Creuzette se slaapkamers, gange, portale en salonne kort voor lank met sy meesterstukke behang. Daar is selfs 'n wonderlike stuk teen die sitkamermuur van ons vakansiehuis op die Weskus – 'n 17de-eeuse werk met die titel "Somer".

Ons maak ook vriende met 'n gawe jong Franse smous en tweedehandse meubelverkoper. Sy naam is Henri Aubert en sy winkel is geleë in 'n reusagtige watermeul op die walle van die Tardes-rivier naby die spa-dorp Néris-les-Bains. So skuins agter Henri se skatkamer loop 'n indrukwekkende Romeinse akwaduk doodluiters oor die rivier.

Henri se minnares is 'n vurige Spaanse rooikop en omdat hulle gereeld stry kry, moet hy haar dikwels in Granada by haar ouers gaan haal. Ná elke romantiese gaan-haal-reis bring Henri 'n vrag antieke Spaanse meubelstukke na sy watermeulwinkel terug. Ons is die eerstes op sy kontaklys wat geskakel word.

So vind ons op 'n dag die mooiste handgekerfde armoire. Dit kos sewe man om die reusekunswerk teen La Creuzette se trappe op te dra. Wanneer ons die gaste hul kamers gaan wys, vertoef ons heel eerste by die armoire. Die groot deure word seremonieel oopgemaak. En siedaar, aan die binnekant is laag op laag netjies gestyselde antieke linnelakens wat ons oor die jare bymekaar gemaak het. Dit is sonder twyfel die heel mooiste en mees gefotografeerde linnekas in die land.

Omdat goeie beddens en banke in Frankryk bitter duur is, voer ons die beddens vir tien kamers uit Suid-Afrika in. En op Hardy se aandrang 'n vloot industriële grootte Speed Queen-wasmasjiene, wat hy soos superhelde in 'n netjiese ry in die kelder installeer. Dit is versiende van hom, want sonder daardie wasmasjiene en die femme de ménage (huishoudster) sou ons nooit die beddegoed en tafeldoeke kon hanteer vir die toenemende stroom gaste wat opdaag nie.

Ons eerste huishoudster, madame Deville, erf ons saam met die paar stukkies meubels wat die hertogin se familie vir ons los. Nadat ons die eerste badkamer van nuuts af oordoen en die hele huis onder stof is, besluit madame Deville egter om af te tree. Sommer oornag.

Ná 'n paar weke se angstige gesoek bring ons vriendin Françoise vir Martine Emery by La Creuzette aan. Dit is as 't ware love at first sight. Ons stel haar dadelik aan en sy is bykans twee dekades later steeds die baas van die Franse plaas.

Martine kan letterlik alles doen, van 'n lekkende kraan regmaak tot 'n stel beddens in rekordtyd oortrek terwyl die gaste in die salon niksvermoedend sit en tee drink, elkeen met een van Martine se macarons in die mond.

Soos La Creuzette begin transformeer, neem die aantal vriende wat kom kuier ook toe. Sommige wat 'n kunstige streep het, kom help ons met die verftegnieke teen die nuut afgewerkte mure. Ander kom plant rye en rye laventelbosse en roosbome. Party kom kuier suiwer vir morele ondersteuning en drink in die proses amper ons nuwe kelder leeg. Snaaks hoe die beste bottels eerste opraak.

Voilà! La Creuzette se nuwe sitkamer.

Ons hou konsert in La Creuzette se tuin.

Oorkant bo: La Creuzette se eetsalon
met gerestoureerde Aubusson carton
teen die mure.

❦

Oorkant onder: Hardy se passie
is wandtapyte.

"Daar is nie meer Châteauneuf-du-Pape nie," sê die wynsnob, palms vraend na bo.

"Neem iets anders," sê ek ferm. "Daar's baie om van te kies."

"Maar ek is lus vir Châteauneuf-du-Pape." Die man lyk huilerig.

"Die drankwinkel is in die onderdorp. Vat net jou kredietkaart en ID saam."

"Toemaar, die Bordeaux sal seker maar doen. Wat is daar vir ete?"

'n Vriendin, wat 'n vernuftige sjef is, stel op 'n dag voor dat sy 'n paar vriende bymekaarmaak en hulle op 'n kulinêre toer bring. Daar is ook 'n tuinfoendi wat 'n groep bring om die mooiste tuine in Frankryk te besigtig. 'n Ander vriendin bring 'n groep vriendinne wat irisse wil kom skilder.

Dit is hoe La Creuzette se gevarieerde tematoere ontwikkel. Baie van ons gaste kom om te skilder, te skryf, te kook of om sommer net die Franse leefstyl te ervaar. Die Franse verwys self na hulle unieke lewenstyl as la vie française. Iets wat volgens hulle heeltemal uniek en eie aan Frankryk is. Hulle het dalk 'n goeie punt beet.

Soos die weke maande word en die statige La Creuzette in ere herstel word, word ons Franse woordeskat groter en ons sinne langer. Soos my Frans verbeter, so neem my selfvertroue ook toe. Cockiness, noem Hardy dit. Domastrant, sou my pa sê.

Daar is verbetering te bespeur, maar my uitspraak bly steeds lol, al sing ek hoeveel keer op 'n dag saam met die fraaie Françoise. Terwyl Hardy sonder te veel sweet die Franse grammatika onder die knie kry.

Die vervlakste double entendres laat my nog gereeld les opsê. Ek sal nooit die dag vergeet toe ek ewe kordaat vir die slagter vir 'n "skaapboud in 'n sokkie" vra nie. Ek het die woord "ontbeen" op Google Translate opgespoor en blaker luidkeels my weergawe van "désossé" uit. Wat egter by my ywerige mond uitkom, is iets soos "de chaussette".

Die lywige slagter vee sy bebloede hande aan sy blou-en-wit-strepiesvoorskoot af en deel my meewarig mee: "Sokkies sal jy in skoeneafdeling vind." Die volgende oomblik tel hy sy enorme vleis-byl op en kap 'n haaskarkas middeldeur.

Op 'n ander keer kuier Agnès, 'n elegante Paryse vriendin, een naweek by ons. Die Saterdagmiddag gaan ons na 'n plasie buite die dorp. Monsieur Dubois is 'n hoenderboer en ek is op soek na 'n paar bont henne. By die plaashuis wil ek Agnès aan die bejaarde boerepaar voorstel en vleg na die beste van my vermoëns die langerige sin aanmekaar.

"Je voudrais bien introduire madame Agnès Blondel."

Ek is nogal trots op my mooi, lang Franse sin en staan breëbors terug, maar merk gou onraad toe Agnès my met haar skerp elmboog in die ribbes pomp. Madame Dubois laat sak haar kop en trek dit diep tussen haar skouers in.

Monsieur Dubois maak sy keel skoon en sê: "A, bon!" (Nou toe nou!)

Agnes begin baie vinnig en baie hard in pragtige Frans praat en lei die madame al geselsend aan haar arm weg. Ek en die oom-pie is hoenderhok toe en ek kan sien dat hy my telkens skalks van onder sy ruie swart wenkbroue beloer.

Die oomblik toe ons van die plaas af wegry, help Agnès my reg. 'n Mens "présente" 'n persoon in korrekte Frans. "Introduire", wat so baie na die Engelse "introduce" klink, beteken om iets binne te dring... Dit wat ek dus aan die boerepaar gesê het, was iets ongelooflik onbeskof. Ek is verbaas dat die oom steeds 'n paar henne aan my verkoop het!

La Creuzette se dak word properlies natgemaak nadat die laaste nuwe dakteël gelê is. Die eerste betalende gaste sal kort daarna arriveer.

Die opening is omtrent 'n uithanggeleentheid. Die hele dorp is in beroering toe die goudomboorde uitnodigings op die kop 14 dae voor die geleentheid in hul posbusse beland. Die kaartjies van die tien eregaste op die dorp is persoonlik deur Hardy afgelewer.

Die munisipale werkers slaan 'n markiestent voor die nuwe somerkombuis op en vir dae aaneen stysel en stryk ons tafeldoeke en servette en dek tafel. Omdat ek net genoeg Christofle-messegoed vir twee van die 12 tafels het, besluit ek om elke tafel anders te dek. Dus elke tafel met ander borde, glase en versierings. Noodsaak word soms die kompos vir skeppendheid.

Naamkaartjies word met die hand uitgeskryf en in mooi kristalhouertjies langs elke waterglas staangemaak. Toe die blomme op die ronde tafels geplaas word, weet ek dat ons nie ons koppe sal hoef te laat sak nie. Ons bou voort op die hoë standaarde wat nog altyd by La Creuzette gestel is.

Ons is, soos die Engelse sê, on a roll.

Hardy oortref homself deur drie kristalkandelare in die wildekastaiingbome voor die tent te laat hang. Wat 'n lus vir die oë is dit nie toe die kandelare aangeskakel word, 'n sterrehemel in elke boom. Voordat ons gaste gaan aansit, ontvang hulle 'n glasie sjampanje in die portaal met sy mure die kleur van rooktopaas. Uit die musiekkamer klink Chopin se nokturnes op wat deur behendige hande gespeel word.

Die burgemeester stel 'n hoogdrawende heildronk op die geleentheid in. Die Franse het 'n eienaardige woord vir daknatmaak. Dit word 'n "pendaison de crémaillère" genoem. Dis 'n Middeleeuse term wat letterlik beteken iets wat aan die kaggel se haakspyker hang. Mense het altyd hul kospot aan daardie spyker gehang. Die kaggelhaak het verskeie kepe en jy kan jou pot dus hoër en laer hang en sodoende die temperatuur reguleer. Slim nè! Wanneer jy jou eerste pot kos in jou nuwe huis maak, verwarm jy sommer ook die vertrek – vandaar die konsep van 'n house warming.

Ons maak duidelik 'n goeie indruk op die dorpsmense, want sonder veel omhaal word hierdie twee Boereseuns deel van die plaaslike gemeenskap. Ons word oral heen genooi, ons neem deel aan als wat deur die dorpsmense aangebied word. Ons stel ook La Creuzette se park vir sekere liefdadigheidsfunksies beskikbaar: pieknieks, rolprente op reuseskerms en ja, selfs 'n rockkonsert!

Ek en Hardy is dit eens dat ons klassieke musiek verkies. Nie dat die rockers te uitspattig of losbandig was nie, dis net dat die honde se ore dit nie kan hou nie. Ons het darem elkeen 'n paar goeie oorpluisies.

Die ou gesegde lui dat 'n mens deur skade en skande leer, maar ek stem nie heeltemal daarmee saam nie. In Frankryk leer ons eerder deur waagmoed en durf. Soos die sand deur die uurglas loop, raak ons op die Franse platteland gevestig en burger ons ons uiteindelik met mening in.

10

Die pou en sy vrou

❦

Elizabeth se man het haar vier dae ná haar veertigste verjaardag vaarwel toegeroep. Sommerso, sonder waarskuwing, is die Fransman met die klipperige plaaspad vort. Soms sal sy met 'n wrang halwe glimlag na die winderige dag verwys en dan gelate met die plaaswerk voortgaan. Haar hande is grof en gebars en die blik in haar oë doelgerig. Die kleur van daardie oë is onthutsend blou, soos die Wedgwood-porseleinware uit haar geboortedorp in Engeland.

Ná 'n paar jaar se sukkel en spartel het die Franse boeregemeenskap die Engelse alleenlopervrou uiteindelik begin aanvaar. Vandag is sy bekend vir haar organiese plaasprodukte en veral die smaak en gehalte van haar lamsvleis. Te voet begelei sy self die slagskape die sewe kilometer tot by die naaste slagpale. Dit is waarskynlik een van die redes waarom die vleis so geurig en sappig is.

Elizabeth is erg oor haar diere en haar dae is vol van die versorging van hase, hoenders, 'n koei met 'n kalf en twee reuseploegperde. En poue. Meer as 50 van hulle.

Daar is oral poue op haar werf. Op die plaashuis se dak, op, om en in die skuur, in die vrugteboord – oral hang trosse helderkleurige pousterte uit die eikebome. Die ontstemmende kraai-skreeu van die eksotiese voëls is by tye oorverdowend, of kan jou onkant vang en met 'n vreemde melankolie vul.

Ons is dit almal eens dat die poue tot die algehele atmosfeer en skoonheid van ons tuin sal bydra. Elizabeth vang dus self die paar poue wat vir La Creuzette bestem is. Sy vertel hoe sy die twee donkeroggend reeds die kombuis binnegelok het met brokkies baguette wat sy in klein balletjies gerol het, terwyl ek haar help om die poue af te laai.

Ons besluit om hulle Napoleon en Joséphine te noem. Dit is nogal 'n proses om die twee poue in 'n tydelike hok in ons pigeonnier te hervestig. Die duiwehokke het 'n tralie-omheinde voortuintjie en 'n klein kapelletjie. (Ja, sowaar – dié vreemde geboutjie bestaan uit 'n piepklein bid- of meditasiekamer wat net groot genoeg vir een persoon is). Die omheinde gedeelte is met skadunet toegemaak en vir die pouepaar se vyf weke lange heroriëntasieperiode het ons strooi in die kapelletjie geplaas.

Spoedig breek die tyd aan om vir Napoleon en Joséphine vry te laat. Elizabeth is by vir die groot geleentheid en dra selfs 'n donkerblou wolpakkie vir die seremonie, en 'n linnebloes met 'n pragtig geborduurde kraag. Ek kon sweer ek ruik 'n sweempie parfuum.

Napoleon hop eerste uit die tralietronk. Hy lig sy stert op en pronk allerpragtig en terwyl hy so staan en spog, volg Josephine sy voorbeeld en spring met 'n vinnige hop-hop tot vlak voor ons voete. Sy kyk ons vir 'n oomblik aan met haar koppie effe gedraai, en vlieg toe met 'n sagte sjoooosj-geluid tot op 'n lae boomtak.

Haar tweede poging is 'n indrukwekkende vlug, dwarsoor die tuinmuur – en ons kyk haar agterna terwyl sy in die blou hemel verdwyn. Ons is algar kloekend agterna, terwyl Napoleon steeds met sy waaierstert staan en ritsel.

Net voor middernag gee ons op om Joséphine te probeer vind. Ons is hees gekloek en sal vroegdag weer begin soek, maar sy is weg. 'n Buurvrou vertel dat sy een donker nag 'n reusevoël op haar stoep se dak gewaar het. Sy het glo so groot geskrik en so hard geskree dat haar man uit die kooi gespring en kom ondersoek instel het na die oorsaak van sy vrou se ontsteltenis. Hy het die dier as 'n pouwyfie geïdentifiseer. Sy hoop dit help ons so 'n bietjie. Sébastien, ons tuinier, is seker die bure het die voël in die pot gegooi. Poue en swane is van toeka se tyd 'n gewilde smulgereg van die Franse adel. Vive la différence!

Ons kry in hierdie tyd ook twee Russiese wolfhonde by en Napoleon moet bontstaan met die ewige gehap na sy kant. Hy moet noodgedwonge nuwe slaapplek op my ateljeedak vind. Vandaar kan hy die hele dorp dophou en in die laaste grepe van die nag die daeraad aankondig en sy lang verlore liefde bekla. Dikwels laat die haan uit die hoenderhok dan ook van hom hoor. Ons twee Russiese tenore is ook gewikkel in asembenewende duette. Ons bure, Ton en Anet, is baie welwillend oor die oggendrumoer, maar te oordeel na die sakkies onder hulle oë is die nagte nie maklik nie. Ek vermoed hulle koop sakke vol oorpluisies by madame Martin, die apteker, aan. Ek vul stilletjies ook my eie voorraad aan.

As tydverdryf, of miskien as gevolg van 'n vreslike verlange na ander van sy portuur, maak Napoleon bedags in die hoenderhok die henne die hof. Die haan is oorstelp van woede en sit 'n erge kabaal op. Die henne is egter erg verveeld met die stertswaaiery en pik onverpoosd voort na al wat erdwurm en mieliepit is.

'n Eensame posduif staan Napoleon van tyd tot tyd by. Wat 'n eienaardige gesig. 'n Duif wat dink hy is 'n hoender en 'n pou wat dink hoenderhenne is hot!

Ons hoor toe ook dat Napoleon die bure besoek wat drie huise verder woon en glo al hulle nuwe slaai en koolplantjies verorber. Hy is glo ook versot op jong tamaties. En af en toe op blomknoppies.

Ek het een oggend nog skaars die oorpluisies uit my ore gehaal, toe 'n bloedrooi madame De la Motte, die eienaar van die groentetuin en die blomknoppies, aan die voordeur begin hamer. Haar dun kamerjas bedek met moeite haar goed bedeelde boesem. Wanneer sy haar arms rondswaai om die erns van die saak te beklemtoon, kry ek kort-kort 'n blik op die melkwit kruine van Mont Blanc. En van ski is daar nie sprake nie.

Sy het boonop 'n yslike mond, 'n regte wafelpan. Ná sowat 'n anderhalf uur begin sy geleidelik bedaar en kan ek haar met 'n vriendelike dog ferm hand hek toe stuur. Ek belowe plegtig ons sal die pou vang en terugneem na waar hy vandaan gekom het. Sela.

So gee ek Sébastien later die oggend opdrag om die pou te vang en toe is die dorp weer Frans. Ek sal Donderdag op die mark dosyne slaai-, kool-, tamatie- en sommer wortelplantjies koop, sodat madame De la Motte se liewe man sy potager van vooraf kan beplant.

Nadat die arme tuinier 'n paar keer probeer het om Napoleon met 'n swembadnet aan te keer, deel hy my uitasem mee: "Poue kan nie in die nag vlieg nie!" Wie is ek om te stry?

Sébastien kondig aan hy sal later die aand terugkeer en Napoleon kom vang wanneer hy op die dak sit. Ek moet 'n stukkie brioche gereed hê.

Die aand arriveer Sébastien omtrent uitgevat vir die jagtog. Stewels, handskoene waarvan die vingers afgesny is en 'n soort mynlamp op sy voorkop vasgemaak. Hy kort net 'n paar diagonale oliestrepe op sy wange om vir Rambo aangesien te word.

Hy klim versigtig met sy vangnet deur 'n dakvenster en bekruip die pou soos 'n wafferse soldaat. Uit die tuin kan ek hom sien nader sluip, terwyl Napoleon kwansuis verstar in die lig van sy koplig vasgevang is.

Sébastien was egter verkeerd – poue vlieg besonder goed in die nag. Ons gooi uiteindelik die vangnet in en gaan slaap, maar nie voordat ek my goudgeel oorpluisies diep in my ore gewikkel het nie.

Dié keer is dit 'n histeriese monsieur De la Motte wat Hardy skuins ná dagbreek op die telefoon beetkry. Hardy maak nie eens sy oë oop nie, staan net kopskuddend en luister. Ek kan die hele gesprek deur my oorpluisies hoor. Monsieur de la Motte dreig ons met die polisie en snou ons allerhande onsmaaklikhede toe.

Ons gaan later na sergent Dumas se kantoor in die onderdorp. Ons lui die klokkie en ná etlike minute vra 'n lui stem wat ons wil hê. Ja, sê sergent Dumas, monsieur De la Motte was self reeds 'n paar keer daar en hy het sopas telefonies ook sy argwaan oor ons pou uitgespreek. Die sersant raai ons aan om les pompiers te raadpleeg. Die span brandweermanne is aangewys om dorpsprobleme op te los, en dankie dat ons so mooi saamwerk.

Twee kordate brandweermanne ontmoet ons spoedig in ons tuin om met Napoleon kennis te maak. Elkeen het 'n lang stok met 'n skuifknooplus vooraan. Dit is blykbaar te maklik vir woorde om 'n karnallie soos Napoleon daarmee te vang.

Die pompiers hardloop die hele dag heen en weer oor die werf, klim op en af teen lere, terwyl Napoleon van dak na boom verhuis. Maar sonder enige sukses. Eers dink die brandweermanne dis snaaks, maar teen die einde van die dag sien ek hoe een van hulle vir Napoleon met 'n halfgeëete granaat gooi.

Die volgende oggend is monsieur en madame De la Motte albei voor ons deur. Dit is nie mooi om te aanskou nie. Hulle is, Gott sei Dank, reeds geklee. Wieletjies, ons een hond, sit sy voorpote oor sy ore en maak 'n paar eienaardige blaf-tjankies. Toe ek dink hulle gaan handgemeen begin raak, deel ek hulle ferm mee dat ek die sersant gaan bel as hulle nie dadelik ons werf verlaat nie.

Om alles te kroon, vlieg Napoleon so 'n swierige swiep oor hulle en lanseer 'n blerts teen monsieur De la Motte se blink geparste Sondagbroek af. Die oom gee 'n triestige weerwolfhuil, draai om en vloek ons met gebalde vuiste in onverstaanbare Frans. Sy vrou doen alles soos 'n skaduwee na, effe uit pas, maar wel.

Die polisie en die brandweermanne stel voor dat ons met 'n veearts gaan praat. Ons vra toe maar die veearts of hy asseblief die stomme Napoleon met 'n pyltjie kan skiet wat hom in 'n rustige slaap sal laat verval. Jean-Pierre, die veearts, snork en sê as ek die pou se bloed op my hande wil hê, moet ek met sulke voorstelle kom. Nee, hy sal die pou kom verdoof en sagkens laat slaap met 'n botteltjie bruin chloroform. Net 'n paar druppeltjies op 'n stukkie brood, mooi in balletjies gevorm, en voilà!

Jan, Hardy se swaer, kuier op daardie tydstip by ons. Oor 'n knetterende vuur smee hy 'n komplot om Napoleon te vang. Ons Boeremans sal self die pou vang deur broodballetjies in chloroform te rol en Napoleon daarmee te lok. Dan sal hy wat Jan is die pou deur die lang gras bekruip en met die vangnet vaspen. Sy dogters sal daarna 'n piekniekkombers oor Napoleon vou sodat hy na sy eerste tuiste teruggeneem kan word.

Die volgende dag is 'n warm somersdag vol bye en skoenlappers en ons drink 'n paar bottels koel rosé. Ons lok Napoleon met die balletjies brood nader en Jan leopard crawl deur die lang gras in die rigting van die niksvermoedende pou. Ná 20 minute is die pou uitgevreet en Jan nog op dieselfde plek. Een van ons gaan versigtig nader en vind Jan waar hy soet in die lang gras lê en snork.

Ek en Hardy probeer self die pou vang, maar ons is miskien 'n bietjie onvas op die voete van al die rosé en die warm son. Napoleon vlieg soos blits weer tot op die ateljeedak, sy stert kordaat soos 'n trillende waaier agter hom. Duidelik was die dosis medisyne te laag.

Toe die son begin watertrek en ons van ons middagslapies ontwaak, besluit ons om 'n heel laaste poging aan te wend met 'n dubbeldosis chloroform. Ek berei die broodjies voor en Hardy ontkurk 'n gawe Bordeaux. Dit sal op die langste 20 minute duur voordat die pou soos Doringrosie in 'n diep, maar rustige slaap verval.

Die Bordeaux is egter later reeds kapot, toe is Napoleon nog op flinke voet.

Nou is ek desperaat en verdrink 'n sny brood in die res van die amper vol bottel slaapmiddel. Napoleon dink dis Krismis en pik gulsig die gedokterde souskluitjies op. Hardy maak nóg 'n Bordeaux oop om die verdere 20 minute wagtyd om te kry. Ek is beangs dat ek die pou 'n oordosis gevoer het en binnekort met 'n dooie voël op my stoep gaan sit. Wat sal Elizabeth sê?

Ek sluk gulsig aan my glas rooies en hou Napoleon met 'n valkoog dop. Toe ons ons laaste slukkies wyn 'n uur en 'n half later drink, is Napoleon steeds op die been. Jy kan egter nie dieselfde van ons sê nie, want uit totale verdwaasdheid het ons die derde bottel Bordeaux oopgemaak. Dit is asof die pou vir ons konsert hou, met waaierdanse en al. Hardy voer 'n laaste bobbejaanspinnekopsprong na die pronkende voël uit, maar dis verniet. Napoleon skreeu 'n lang dankie en vlieg rustig tot op die ateljeedak.

Ons hoor Napoleon se liefdeslied 'n paar dae lank nog en sien hom die henne die hof maak. Die De la Mottes is vreemd stil en ons dae keer so half na normaal terug. Hardy hou vol dat Napoleon sy leefruimte by La Creuzette dubbel en dwars verdien en basta met die res!

Toe is dit een oggend doodstil. Die pou is nêrens te sien nie. Ook nie die volgende dag nie. Of die dag daarna nie. Later die maand, toe ek in die haarkapper se stoel sit, vertel hy my hy het gehoor ons pou is geskiet. Hy wou nie sê wie die storie vertel het nie. Ek is seker dit was monsieur De la Motte en ek probeer hulle miskyk wanneer ons paaie in die dorp kruis.

Kort daarna loop ek 'n vriendin van die naburige dorpie Boussac-Bourg raak. Sy vertel van 'n eienaardige gebeurtenis. 'n Pouepaar het glo in 'n verlate ruïne net buite die dorp nes gemaak. Daar was aanvanklik net 'n wyfie, maar maande later het 'n mannetjie bygekom. Sy vertel dat hulle pragtig is, maar die mense mal maak met die geraas en dat die buurt se tuiniers kla oor verlore saailinge.

Ons besluit om daardie naweek op 'n veilige afstand te gaan ondersoek instel. Net om te weet. Ons het hard gehoop dat dit Napoleon is ... en sy Joséphine.

11

Om Franser as die Franse te wees

Soos die meeste dorpies in Frankryk het Boussac 'n panier (mandjie) vol oudoos gewoontes en tradisies wat sedert die Middeleeue voortleef. Dinge word op 'n sekere manier gedoen en basta met die moderne wyse. Die Franse is tog so gesteld op hulle tradisies.

Daar is geen beter voorbeeld as die afsluiting van 'n Franse sakebrief nie: Restant attentif à vos préoccupations, je vous prie d'agréer, Madame, Monsieur, Cher(e) Collègue, l'expression de mes sincères salutations (wees bewus, geagte mevrou, meneer, kollega, van my hoogste agting en waardering). Niks van die uwe, en koebaai nie. Maar ek moet bieg, heimlik is ek mal oor die hoflike hoedeswaaiery.

'n Versluierde snobisme, veral met betrekking tot stand en klas, steek soms ook hier en daar kop uit, ondanks die alombeminde leuse liberté, égalité et fraternité.

So het 'n gawe hertogin van die kontrei twee visitekaartjies in gebruik, albei pragtig gedruk in swart kopergravureskrif op ivoorwit katoenpapier. Die een dui haar aan as Comtesse M. H. V. A. de Blah Blah, en die ander een doodgewoon as Madame M. H. V. A. de Blah Blah. Eersgenoemde word aan eweknieë en familie en vriende uitgedeel en laasgenoemde aan die werkersklas en sosialiste. Ons het albei ontvang, eerste laasgenoemde en toe die ander een.

Kort na ons aankoms by La Creuzette klop Marie-Thérèse en Pierre Boulet een dag aan ons agterdeur (voordeur slegs wanneer genooi!). Haar goed versorgde hare word netjies bymekaar gehou deur 'n swart fluweel Alice band. Hy het 'n maroen das by sy donker pak aan.

Dié twee gawe mense het ons kom welkom heet soos dit goeie siele op klein dorpies betaam. Marie-Thérèse het spesiaal 'n tarte au citron gebak. Met suurlemoene uit haar eie boord. Ons beleef 'n heerlike gevoel van buurmanskap en welwillendheid en voel ons besonder tuis in ons nuwe omgewing.

Laat die volgende middag is ons op die punt om die laaste wig suurlemoentert in twee eweredige snye te deel en met 'n guitige koppietjie Carte Noire af te sluk, toe vriendin Françoise vir haar weeklikse invalkuiertjie inloer. Sy hou ons op hoogte van dorpsgebeure en ek en sy gesels land en sand oor kuns en filosofie. Sy was self kunsstudent op haar dag en het 'n uitgebreide kennis van kontemporêre kuns en musiek.

Françoise vertel toe madame Colette Valois wou by haar weet hoekom die twee Suid-Afrikaners hulle nog nie aan haar kom bekendstel het nie. Madame Valois en haar man is die eienaars van 'n reusagtige 15de-eeuse kasteel in die omgewing. "Aikôna," sê ek vir Françoise met ligte verontwaardiging in my stem, "ons Boere doen dit nie so nie."

"Nee wat," dink ek hardop, "daar's nou nóg 'n châtelain op die dorp. Ek gaan beslis nie van huis tot huis – of kasteel tot kasteel – met my hoed in my hand loop om mense te groet nie."

Ná die naweek is Françoise weer daar en met die uitblaas van 'n ligblou straaltjie sigaretrook vertel sy dat madame Valois ons régtig graag wil ontmoet en dat ons iewers op "middelgrond" vir 'n aperitief kan saamkom. Françoise bied haar woning as ontmoetingsplek aan en ná 'n paar dae van ping-pong-kalenderkykery besluit al drie partye op 'n neutrale Woensdagaand net ná sewe.

Dit is liefde met die eerste oogopslag. Colette Valois is 'n dinamiese dame met 'n onblusbare lewenslus, 'n aansteeklike lag en 'n talent vir répartie. Sy is van kop tot tone uitgedos in Hermès haute couture, haar gunsteling-ontwerpershuis ontdek ek later.

Haar versameling juwele wat sy vir die geleentheid uitgesoek het, is noukeurig gekoördineer. Antiek en modern. Chopard en Boucheron. Sy het ons ensembles met 'n kennersoog waargeneem, elke kledingstuk, horlosie, mansjetknoop, gordel, skoen en kous. Ek het goed voorberei en ook die arme Hardy in al sy ontwerpersregalia ingedwing. Só goed is ek toegerus vir die aand se fyn bekyk dat ek selfs in my nuwe onderbroek die toets met vlieënde vaandels sou slaag.

'n Paar dae later ontvang ons toe 'n handgeskrewe uitnodiging. Die afskop-ete in haar kasteel is 'n visuele tour de force. Die tafeldoek van gloeiende oranje sy hang ver oor die tafel af oor die kort kante en kom eers sowat drie meter verder op die vloer tot ruste, waar dit nonchalant soos 'n lint aan die ente geknoop is.

Daar is slegs aan die lang kante van die tafel gedek. Sewe aan dié kant en sewe aan die ander kant. Die borde is antieke Sèvres en erfstukke van die Valois-familie wat hul herkoms tot die 12de eeu kan terugspeur. Elke gas het 'n antieke silwer doopbekertjie as waterglas. Twee groot kristalvase vol wit madonnalelies en takke vol klein oranje clementines versier die tafel. Die kos en die wyn is, soos die ambiance, verruklik.

Toe my beurt kom om madame Valois te onthaal, rus die las soos 'n sak vol droë brood op my gemoed. Dit is net krummels waar jy kyk. Ek het alle verskonings oorweeg – masels met 'n haarborsel aangebring, kinkhoes of 'n gebreekte arm.

Geen kookboek kon die lig aan die einde van die tonnel bied nie en ek het lusteloos met my ma se verflenterde *Kook en geniet* opgeëindig. Ek sou ou Boereresepte dekonstrueer en transformeer in wonderlike, fyn, byderwetse geregte.

Ons gaan 'n dag of wat vóór die ete Parys toe vir sake en kan gelukkig 'n paar heerlikhede in die Stad van Lig bekom om my spyskaart op te kikker. Daar is Échiré-botter en sel gourmand van die Grande Epicerie in Rue du Bac, deursigtige suikerblokkies van Mariage Frères, Ethiopiese witpeperkorrels van Izraël in die Marais, 'n boule de seigle van Poilâne, 'n ryp brie van Alléosse en 'n verskeidenheid donker sjokolade-truffels van Debauve & Gallais.

Maar my coup de théâtre is 'n buitengewone en slim kulinêre idee, dink ek. Ek sal 'n tussengang byvoeg wat bestaan uit handgevormde soesji-blomme van Lenôtre in die tuine van die Champs-Élysées.

Dit is vir my van uiterste belang dat ek ons Franse vriende kan wys dat ons darem ook oor 'n bietjie finesse beskik as dit by kos maak en onthaal kom, al dink die meeste van hulle nog ons kinders ry op kwaggas skool toe en ons sit gehurk om die kampvuur om ons daaglikse brood te nuttig.

Die eerste gereg is 'n sop gemaak van vars groen ertjies en babaspinasieblare met 'n klein skeppie crème fraîche wat met 'n titseltjie tonka-boon en neutmuskaat opgekikker is. 'n Goudbruin miniatuur-vetkoekie is die metgesel. Daarna kry elke gas 'n klein, koeëlronde bobotie-torinkie met 'n bloedrooi soetrissiekonfytsous en melkwit klapperlikeurdrankie in 'n likeurglasie.

'n Paletskoonmaker van pruim-eau de vie, of gewone pruimwitblits, volg.

Hierop volg die beeldskone bord met drie stukkies soesji uit Parys – pragtige, halfdeursigtig rosige tuna-blomme met 'n enkele grasgroen wasabi-roos. Die juweelagtige detail is verstommend en dit lyk soos rare Oosterse kunswerkies uit antieke jaspis. 'n Meesterstuk in Zen-komposisie. Almal snak na hulle asems.

Ek sien hoe Colette Valois die grasgroen wasabi-roos op die silwer Christofle-vurkie laai, vir haar buurgas glimlag, my oog vang en die groen juweeltjie deur haar fluweelrooi Dior-lippe laat glip. Toe sluk sy. Dis asof die tyd gaan stilstaan. Daar is 'n paar sekondes lank geen klank of beweging nie.

Colette sluk nog 'n keer en haar neusvleuels rek soos dié van 'n renperd in die wegspringhokke. Haar mond is nou geluidloos oopgesper, soos Edvard Munch se gillende figuur op die brug.

Skielik is daar weer klank en beweging om die tafel, glase rinkel, slukke word gesluk, kugge gekug en 'n paar skel droë hoesies volg. Benjamin, die kelner, moet bontstaan om liters Evian vir madame te skink. Sy hou nie van vonkelwater nie, selfs nie in 'n noodgeval nie.

Colette tik haar betraande oë versigtig met die servet droog, vee die hoeke van haar rooi mond liggies af en sô met 'n hees stemmetjie dat alles wel is en dat sy baie van soesji hou en dat ons tog net asseblief normaalweg moet voortgaan, merci.

Die hoofgereg is volstruis-filette met 'n reduksiesous van rooiwyn en sjokolade, oondgebakte beetskyfies, broccolipuree en individuele gemmerjellietjies al trillend op die rand van die bord.

Die hele ete, tesame met die kaas en nageregte (een daarvan individuele klein asynpoedinkies met kweperskuimpies), speel soos 'n wasige tafereel af. Dit is eers met die bediening van koffie, sjokolade en vrugte dat alles om die tafel weer vir my in fokus kom.

Colette verskoon haar grasieus en bly vir 'n buitengewoon lang ruk in die gastetoilet toegesluit. Met haar terugkeer, is haar lippe en oë perfek opgeknap en bring sy 'n sweempie parfuum saam tafel toe.

"I know sushi," sê sy. Dit klink asof sy helium ingeasem het, maar sy is minstens weer in beheer van haar sinne. Sy lag en skitter soos die magdom steentjies aan haar armband. Ons is nou ou bondgenote en ek is seker dat sy reeds besig is om haar volgende dinee te beplan.

Vandag nog wanneer ek en Hardy na die eerste dinee met madame Valois verwys, sal ons net sê: "Puff, the Magic Dragon", terwyl ek uit volle bors sing en 'n paar danspassies met die besem as dansmaat maak. "If you know sushi, like I know sushi ..."

Die Franse is al sedert Asterix se tyd baie trots op hulle jagtradisie. Dit is 'n soort nasionale sport en naweke, veral Sondae, word vir hierdie tydverdryf opsy gesit.

Jy moet mooi dink voordat jy tussen September en Maart in die woude gaan rondloop, die onvermydelike skietongeluk vind jaarliks plaas. So, as jy dan vir 'n wandeling in die woude móét gaan, trek jou helderrooi kappie aan en basuin luidkeels jou chanson repertoire uit.

Wildevark, reebok en takbok is die gewildste trofeë. Haas, fisant,

Kaperjolle op Bastilledag.

Op Bastilledag word groot fees gevier en ook musiek gemaak.

⊱⊰

'n Al fresco-ete saam met Bella Niehaus (heel links, bo) en gaste om die kliptafel.

patrys en houtsnip loop ook deur. Groen groepe probeer dikwels om mense te ontmoedig om te jag – sonder sukses. Mense jag hier vir die tafel, en alles wat met die kospotte te make het is onaantasbaar. Bredies wat prut, boude wat braai en patee wat oor breë snye plaasbrood gesmeer word, is aan orde van die dag.

Op 'n keer besoek een van hertogin Marie Helene se kinders La Creuzette en bring sy familie saam. Sy agtjarige kleinseun wil graag kom kyk hoe dit nou lyk en die armoire sien waarin sy ouma altyd allerhande lekkernye gebêre het.

Nadat hy die koskas bekyk het, vra die seuntjie na die kliptrap wat na die kelders lei. As die kinders stout was, het ouma hulle banggepraat met die storie dat daar 'n wilde renard daaronder skuil. Die jakkals het stout kinders op hulle plek gesit, het sy gewaarsku.

Die vader stel die kind gerus en ons drie durf die kliptrap na benede aan. "Sien, dit was sommer ouvroustories," sê die vader en los die kind se klam handjie.

Met dié kom ons langneus Russiese wolfhond August uit sy slaapplek. Dié rare wolfhond met sy skerp snoet en kwasserige stert is vir die arme kind net té na aan 'n jakkals. Hy spring soos 'n blits in sy pa se arms.

Wintermedisyne vir die moeë jagter: neem 'n paar lekker ryp appels en sny dit op in 'n paar skywe, braai dit in botter tot goudbruin, flambé mildelik met Calvados en bedien met crème fraîche en nog 'n doppie Calvados! Wie weet, dalk is daar 'n jakkals om die draai.

'n Ander belangrike Franse tradisie is la Fête nationale, of Bastilledag, die belangrikste volksfees in Frankryk. Dit word jaarliks op

14 Julie met gusto regoor die land gevier: van Parys tot Perpignan, Nantes tot Nice, Strasbourg tot Sète.

Op 14 Julie 1789 het Parysenaars die Bastille-tronk bestorm om politieke gevangenes in die naam van die Republiek te bevry. Die gevangenis was 'n gehate simbool van onderdrukking deur die tirannieke koningshuis. Die dag toe die Bastille bestorm is, het die revolusie afgeskop. Daarom word dit as die totstandkoming van die Eerste Republiek herdenk.

Van Auvergne en die Midi-Pireneë in Languedoc-Roussillon tot by die Côte d'Azur hoor jy op hierdie dag die meesleurende musiek van "La Marseillaise", die Franse volkslied:

Allons enfants de la Patrie,
(Kom kinders van die vaderland,)

Le jour de gloire est arrivé!
(Die dag van glorie het aangebreek!)

"La Marseillaise" is 'n indrukwekkende kombinasie van opruiende lirieke en dramatiese marsmusiek en is een van die vele simbole wat sy ontstaan in die revolusie het.

In Parys wapper daar op Bastilledag 'n kolossale Tricolore in die boog van die Arc de Triomphe. 'n Massiewe blaasorkes lei die militêre parade en skares met wapperende baniere en wimpels die Champs-Élysées af, verby rye koel plataanbome en derduisende toeskouers wat juig en jubel onder 'n uitspansel van blou, wit en rooi vlaggies.

Aangesien dit dan hoogsomer is en eers teen halfelf regtig donker word, word die plesierighede landwyd met vuurwerkvertonings gekroon. Tydens die skouspel weerklink die inspirerende woorde van die revolusie – liberté, égalité et fraternité!

Op die platteland word daar ewe intens fees gevier. Groot brocantes, landbouskoue, kermisse en boeredanse word gereël. Op elke gehuggie se dorpsplein draai 'n veelkleurige mallemeule in die rondte en vrolike volksliedjies borrel uit handgeverfde draaiorreltjies. Saans word die grou klipkerkies in 'n feëryke tableau omgetower. Vrolike orrelmelodieë vermeng met sorgelose kinderstemme, terwyl die reuk van karamel en kaneel warm en soet in die naglug hang.

Langs al wat 'n dam en meer is, word groot osse en vet skape op die spit gebraai en die plesiermakers se stemme en kaperjolle weerklink uit die helder verligte tente waar die kos bedien word.

Boussac raak ewe op hol met sy Fête nationale. Daar word 'n groot brocante op die dorpsplein gehou waar Anet en Hardy gewoonlik onder die voorste verkopers van opgegaarde kaggelkakkies is. Een van ons goeie Franse vriendinne vertel gereeld van die groot bargain wat sy by dié twee gekoop het. Dit was die allerlelikste ontbytkoppie van Woolies, met 'n vreeslike geel sierband om die koppie en piering se rante. Sy vertel dan trots hoe haar man nog elke oggend uit sy fyn Ingelse porselein tee drink. "Oh la vache! (Wat vertel jy my!)"

Anet het een keer vir 'n appel en 'n ei wraggies twee robynringetjies by 'n jong skoolmeisie gekoop. Ek dink sy het skaars €5 per stuk betaal. Sy het die ringetjies in Kaapstad laat waardeer en dit was goeie rooi klippies in geelgoud geset. Ek sweer die kind het die ringetjies uit haar ouma se Dolly Varden gegaps.

Die dorp se vuurwerkvertoning word soms in die tuin van La Creuzette gehou en daar word dae lank gespit en gespook om alles in die tuin op te rig. Die honde is veral gek daarna om die oulike houtstellasies vir die groter vuurpyle op te vreet.

Ons hou dan sommer ook ons eie Bastilledagete met 'n joviale vermenging van Franse en Suid-Afrikaanse vriende. Die vuurwerk is gewoonlik op die agenda net nadat ons ons hoofgereg genuttig het. Een van die organiseerders kom waarsku ons die verrigtinge gaan begin en skakel haastig ligte af.

Die tromklanke van die dorpsorkes is reeds van ver af hoorbaar en 'n rukkie daarna klink die eerste moedige klanke van die pompiers se blaasorkes op. Hulle lei die dorpsmense van die dorpsplein tot voor die ysterhekke van La Creuzette.

Kinders met gloeiende lampies op lang stokke staan en staar in afwagting na die donker geheimsinnige tuin waar jy net-net die grou silhoeët van die château kan uitmaak. Vir 'n paar oomblikke is alles stil. Dan begin die orkes se trompetspelers met bollende wange 'n trillende fanfare speel ... kinderbekkies val oop en klam handjies soek tastend na 'n ouerhand.

Met 'n bonatuurlike gesuis skuim die eerste goue blits deur die inkblou hemel en knal oop in 'n verblindende vuurreën. Nog een, dan nog een, seil helderkleurige vonkstrome verby die boomtoppe en maak neonsambrele teen die melkweg oop. Vanuit die skemerstraat kom daar nou die onmiskenbare klanke van die "Marseillaise". Soos in 'n koorsige droom word die fasade van La Creuzette verlig deur gloeiende bane van blou, wit en rooi vonke. Die skare se verrukking loop oor in 'n geweldige handeklappery. Vive la France!

Ons is altyd dae lank besig met die voorbereidings vir die Bastilleparty. Tafels en stoele word in die tuin staangemaak en Hardy moet 'n paar kristalkandelare in die kastaiingbome konnekteer. Daar word gespit en gepolish en kratte sjampanje word verkoel. Hoenders word ontbeen en salm word rosig in soutkorse gestoom. Anet is ons glansvrou/gasvrou wat met als help en grasieus en elegant ons gaste help gelukkig hou. Die party is meestal 'n opdress-affêre en met die laaste een het Anet se ontwerpersrok net betyds per geleentheid in Boussac aangekom. Dit was letterlik minute voor die eerste gaste heeltemal té betyds opdaag. Die pragtige room-kleurige rok se middel het met die aantrek tot op haar knieë gesak en sy moes vinnig aan 'n kreatiewe oplossing dink. Anet het met blou, wit en rooi satynlint die allerfraaiste seintuur gevleg en die aweregse middel met een stylvolle pluk op sy plek gesit. Voilà, ons eie Marianne!

Marianne is nog een van die Franse se geliefde simbole uit die Revolusie. Sy word uitgebeeld as 'n beeldskone maar onverskrokke vrou wat die vryheidsvegters met 'n wapperende landsvlag na die strydveld gelei het. Sy is die simbool van vryheid en ook van die innerlike krag van die Franse vrou. 'n Borsbeeld van haar word in alle stadshuise en howe geplaas en sy word ook op kunswerke, seëls en ander amptelike stempels uitgebeeld. Groot Franse skoon-hede soos Brigitte Bardot, Catherine Deneuve, Laetitia Casta, Inès de la Fressange en Vanessa Paradis het al as inspirasie vir die Marianne-beeld gedien.

Boussac pronk ook vir die eerste keer sedert die 1920's met sy eie vergulde Marianne op die dorpsplein. Haar ken is trots in 'n noordelike rigting gelig en sy tuur met 'n ferm blik na die Stad van Lig.

Nadat ons nagereg en sjampanje bedien het, vou die plaaslike musikant Michel Bolling sy trekklavier wyd oop en begin met wiegende boë speel. Lekker opgeruimde chansons, wat verseker dat almal binnekort begin saamsing:

Ah! Le petit vin blanc

(Ai! Die witwyntjie)

Qu'on boit sous les tonnelles

(Wat ons onder die prieel drink)

Quand les filles sont belles...

(Met die meisies wat mooi is...)

Een vir een begin die paartjies al singend onder die bome dans, al swaaiend, draaiend en vol lewensplesier. Die jongeres staan op die kantlyn en wikkeldans terwyl twee expats uit Londen deur die botterblomme langarm.

Met skouerige vertoon foxtrot Hardy en Anet tussen die dansende pare deur, terwyl ek met die bleek dogter van die bakker 'n kotiljons probeer uitvoer. Simon, die ystersmid se oorlamse jongetjie, voer 'n indrukwekkende fakkeldans uit by die kruietuin se hekkie, gelukkig sonder enige ernstige gevolge.

Dis eers teen dagbreek wat Michel sy pensklavier toeknip en diep in die maroen fluweelkis wegbêre. La vie est belle...

12

Suikerbekkie, ek wil jou hê

In Frans beteken die troetelwoord vir iemand wat oor soetgoed watertand – un bec sucré – letterlik 'n suikerbek. Alle Franse word as suikerbekkies grootgemaak en ken van kindsbeen reeds die verskil tussen crème pâtissière en crème anglaise. 'n Agtjarige weet reeds wat die onderskeid tussen botterroom en amandelroom is.

Die Franse het 'n kollektiewe soettand en geniet daagliks 'n soetproppie uit 'n verstommende groot verskeidenheid siergebak. Hierdie is 'n land van fynproewers waar kos ewe belangrik is as politiek en godsdiens. Almal filosofeer oor bestanddele, smaak, kwaliteit en aanbieding en het ingeligte opinies oor hoe, waar, wanneer en saam met wie geëet sal word!

Hierdie lekkerbekkigheid het 'n lang geskiedenis. Toe Catherine de Medici in 1533 met Henry II getroud is, het sy en haar entourage 'n horde kokke, spyseniers en bakkers uit Italië saamgebring. Hierdie ingevoerde spesialiste het spoedig met opwindende nuwe resepte en geregte vorendag gekom en in 1566 is 'n nuwe gilde in die lewe geroep: les pâtissiers, die soetbakkersgilde.

Die maak en ontwikkeling van blaardeeg was 'n hoogtepunt. Mille-feuille word in letterlik derduisende resepte gebruik as basis vir die opwindendste soetgebak. Antonin Carême (1784 – 1833), die eerste Franse supersjef, het dit tot ongekende hoogtes gevoer. Sy pièces montées en croquembouches was ingewikkelde, ornamentele skoustukke van dikwels etlike meters hoog, steeds heeltemal eetbaar.

Die 19de-eeuse filosoof, sjef, meesterlekkerbek en vader van die Franse haute cuisine, Jean-Anthelme Brillat-Savarin (1755-1826), het 'n belangrike boek oor die sielkunde van smaak geskryf, *La physiologie du goût*. Sy bekende stelling "jy is wat jy eet" kan vandag nog as 'n nasionale subteks beskou word. Die wêreld het 'n verstommende spektrum heerlikhede aan hierdie merkwaardige lewensbenadering te danke. Die Franse se intense betrokkenheid by die kuns van eet en kosvoorbereiding gee 'n mens 'n blik op die komplekse Franse psige.

Die meeste dorpies het 'n boulanger (bakker). Boussac het drie. Daar was eers vier bakkers in die dorp, maar die een wat veral as tertbakker bekend was, is in 'n naburige dorpie om die lewe gebring. 'n Crime passionnel, sê mense agter hul kantgordyne, al kouend aan die opposisie-bakker se marsepein-krokodil. Death by chocolate.

Ons is gelukkig dat die naaste boulanger aan La Creuzette nie slegs 'n bobaasbakker is nie, maar ook 'n wonderlik talentvolle tertbakker. Hy is as koeksjef in Parys opgelei en tower in sy kombuis die verbeeldingrykste koskuns op. Platkoeke, natkoeke, laagkoeke, roomkoeke, rolkoeke, vrugtekoeke, koelkaskoeke, ongebakte koeke en skuimkoeke – in elke geur en kleur.

Die petits fours word in die oond geplaas ná die groter koeke uitgehaal is en bak dus teen 'n laer of "kleiner" temperatuur, vandaar hul naam, wat direk vertaal as klein oondjies. Aan sjiek Franse tafels word dit saam met die nagereg of ná ete saam met 'n petit noir bedien. Daar sal ook so 'n soet sopie byderhand wees, 'n Pineau, of 'n verkoelde glasie goudgeel Monbazillac.

Soetgebak is in Frankryk veral 'n Sondagding. Bestellings word weke voor die tyd geplaas en daar is sekere families wat geslagte lank reeds elke Sondag dieselfde bestelling by hul bakker plaas.

Die bakker sal weet dat madame so-en-so net ná nege vir ses framboisines inkom – sappige amandelmeeltertjies, frambose geweek in kirsch en gevul met 'n fluweelagtige botterroom onder 'n deurskynende lagie aarbeikonfytglasuur en versier met dun gesnyde vars aarbeie.

Madame die-en-daai is weer net voor half daar vir haar weeklikse croissants en 'n dosyn mille-feuille au framboise – goudbruin bros blaardeegtertjies gevul met crème pâtissière onder 'n framboosstroop-lagie en versuikerde amandels. Monsieur sus-en-so is klokslag elke Sondag net vóór etenstyd by die bakker se toonbank vir sy baguette en anderhalf dosyn madeleines.

Die bakker weet, as daar iets met hierdie allerbelangrike ritueel verkeerd loop, word sy kulinêre flater nie gou vergewe nie. Sondae in Parys staan die mense geduldig in toue wat straatblokke ver strek om hul weeklikse soetgebak by eeue-oue instansies soos Ladurée en Dalloyau te koop.

Pragtige kartonhouers met satynstrikke word gebruik om dosyne macarons dwarsoor Parys te karwei: sjokolade met konjakroom, aarbei met pepermentroom, pistachio met witsjokoladeroom en, loshande my gunsteling, karamel met 'n heuning en laventelroom. Groter houers word versigtig en eerbiedig met albei hande by die grande pâtisserie uitgedra, gevul met die koeke van hul keuse.

Dit kan 'n vierkantige Opéra wees, wat ontwerp is ter herdenking van die Opéra Garnier in Parys, en gemaak word uit lae sjokoladekoek wat rus op 'n joconde-beskuitjiekors, gevul met koffiekaramel en sjokolade-ganache en 'n laag bitter, swart sjokoladeversiersuiker. Of miskien 'n La Coccinelle, die mooiste amandelsponskoek, gevul met pistachio-roomys. Dit word in die vorm van 'n reuse-lieweheersbesie gemaak en bedek met blinkgladde glasuur met 'n rooibessiestroop en sjokoladekolletjies. Magies!

'n Galette des rois (koningskoek) is 'n eenvoudige plat skilferkorskoek gemaak met amandels, 'n vanieljevla en 'n goeie skeutjie

'n Koningskoek.

rum. Dis 'n besonder populêre koek en word regoor Frankryk op die Twaalfde nag-fees (la Fête des Rois) geëet. Omdat dit nogal 'n soet affêre is, word dit gewoonlik met sterk swart koffie of sjampanje bedien.

Die dorpsbakkers ding met mekaar mee met allerlei slimmighede om die mooiste of grootste koek vir Twaalfde nag-fees te bak. Hulle en die supermarkte maak dosyne van die koeke in agt verskillende grootes. Hulle maak uitspattige winkelvensters op wat die verbygangers in hulle spore laat stop. Kinders en grootmense word begogel en verlei, want die mooi lekkerny word met 'n oulike goue kroon verkoop. Dis alles deel van die opwinding van die fees.

Boonop word daar tradisioneel 'n speletjie gespeel wanneer die koek geëet word. Voordat 'n galette des rois gebak word, word 'n klein porseleinteëltjie of figuurtjie in die tert versteek. Ná die ete word die koek gelykop tussen die gaste verdeel en rustig met 'n glasie soetes verorber.

Die gelukkige persoon wat die speeldingetjie in sy sny koek vind, word as koning van die dag of aand gekroon. Koning Wie-ook-al moet dan die dansvloer met 'n treintjiedans open. Al die gaste slinger gewoonlik luidkeels en effe dikbek agterna.

Ons eerste Twaafde nag-ete by La Creuzette is 'n winterfees van lekker kuier met nuwe Franse vriende, sneeu onder die bome en kaggelvure wat knetter. En 'n tafel wat kreun onder die wintergeregte.

Ná die ete word die reuse-galette des rois opgesny en die 12 ewe groot snye elk met 'n skeppie crème fraîche voorgesit. Elke gas kan met 'n miniatuur raspertjie 'n bietjie neutmuskaat of tonkaboon oor die room rasper. Ons bedien 'n glasie Beaumes-de-Venise daarby.

Ek skep, soos dit 'n goeie gasheer betaam, die laaste, skewe snytjie vir myself in en begin weglê aan die koningskoek.

Krak! Skielik traan my oë. Dit was porselein op porselein. Ek vlieg halsoorkop van die etenstafel op. Kerse fladder en drup in my warrelstroom. Die gaste maak ongepoetste geluide terwyl een rammetjie-uitnek my wraggies met sy iPad afneem. Wat soek die iPad in elk geval by die tafel? Ek sal weer my etiketboek moet laat rondlê.

Ça ne va pas! (Dis glad nie oukei nie!) Die badkamerspieël bevestig my ergste vrees – ek is haasbek. In my hand lê twee stukkies porselein: 'n mannetjie met 'n blou hoedjie en my voortand. Daar is 'n blink pennetjie waar my pêrelwit oogtand moet wees. Alle lus vir fuif en kuier is meteens daarmee heen. Ná 'n tyd se gesukkel om die kroon weer in te sit, gooi ek die handdoek sommer al daar in die badkamer in. Aan die ongedurige gaste beduie ek met saamgeperste lippies dat die partytjie nou verby is en dat daar geen kanse is vir 'n groepfoto nie.

Hardy wil hom slap lag oor alles. Met 'n kroon op my kop en een in die hand doen ek van my troon afstand en gaan suur-suur bed toe. Vroegoggend piekel ons tandarts toe in die trokkie wat nog vol bourommel en stof is van ons restourasiewerk.

Om die skyn te bewaar hou ek die kroon met my duim en wysvinger in plek, want met 'n papbek praat 'n mens nie. Die stof in die beknopte kajuit is iets vreesliks. My neus kriewel soos dié van 'n konyn wat wortel ruik. Ek gaan nies. Saam met 'n allemintige vogtige ontploffing sien ek hoe my kroon deur die lug vlieg, die voorruit tref en in die sand tussen my voete verdwyn.

Vir wat soos 'n leeftyd voel, soek ek swetsend na my kroon. Dink naald in 'n hooimied. Teen die tyd dat ek weer die tand vind, is die arts lankal reeds huis toe, waar hy sekerlik 'n wafferse sny koningskoek verorber. Ek moet tot Maandag wag voordat ek uit my dilemma gehelp kan word.

Die bitterste pil van almal is dat ek daardie aand 'n spiets op 'n vriend se troue moet maak. Vir 'n kroonlose lispel is ek net nie te vinde nie. Toe ek die botteltjie super glue op die vensterbank gewaar, weet ek wat om te doen. Met 'n c'est la vie-kyk in my oë stap ek na die kolletjie sonlig by die venster.

Wat daardie aand toe op die troue gebeur, is egter 'n storie vir 'n ander dag.

Dis nie net die soetgebak waarvoor die Franse so 'n voorliefde het nie, hulle is ook kenners van sjokolade.

Dis ook net in Frankryk waar daar jaarliks in Oktober landwyd 'n week lange fees ter viering van sjokolade gehou word. In Parys word die fees Salon du Chocolat genoem en proelokale word in die stad aangewys waar die hele land se voorste sjokoladehuise, en deesdae ook hul genote uit ander dele van die wêreld, die heel nuutste sjokoladetendense aan die publiek kan opdis.

Name soos Lenôtre, La Maison du Chocolat en Debauve & Gallais wedywer vir die publiek se aandag met uitmuntende gourmet sjokoladetentoonstellings. Frankryk se voorste sjefs kom vorendag met die allerpragtigste donker happies in 'n magdom verbeeldingryke vorms en verpakkings. Dis goudblad en silwer papiertjies, versuikerde viooltjies en goudgeel mimosaballetjies.

Verlede jaar het die stersjef Jean-Paul Hévin 'n draagbare trourok van sjokolade ontwerp, kompleet met hooftooisel en sleep. Hy het onlangs 'n nuwe winkel op die Rue de Bretagne oopgemaak wat The Chocolate Bar(re) genoem word. Van die meer waaghalsige happies wat jy daar sal vind, is 'n donker sjokolade ganache wat gemeng word met skaapmelk-, Roquefort- en Pont l'Évêque-kaas.

Wat dit vir my sê, is dat ons Suid-Afrikaners dalk nie so agter die klip is as wat die Franse mag dink nie. Sien, reeds op laerskool in Middelburg het die buurkinders vir ons toebroodjies gemaak met 'n lekker dik sny cheddar en 'n gesmelte Milkybar daarop! In 2019 is die sjokoladefees aan die by gewy. Bye word wêreldwyd deur die volgehoue gebruik van insekdodende gif bedreig. Die Franse het allerlei wonderlike groen ondernemings begin om die Franse heuningby van totale uitwissing te red. In Parys vind 'n mens byekorwe wat reeds in 1856 op woonstelgeboue se dakke aangebring is. Bye was nog altyd in dié stad welkom.

Teen 2016 is meer as 'n duisend byekorwe hoog op die dakke van Paryse woonstelblokke gebou. Deesdae word die historiese korwe wat sedert 1856 bestaan met sorg en onder groot openbare belangstelling vertroetel. Daar is selfs korwe op die Palais Garnier se beeldskone dak.

Salon du Chocolat se hoogtepunt is deesdae die fees se modeparade. Een van die top Franse ontwerpers word genooi om 'n paar skeppings uit sjokolade te maak, wat dan op die loopplank deur bleek modelle aan 'n jubelende skare vertoon word. Die kaartjies vir hierdie glansgeleentheid is maande vooraf reeds uitverkoop.

Jy sal jou verstom oor die detail, teksture en vorms van die couturier-stukke uit sjokolade. Dank vader dat dit al effens koeler is in Oktober (en dat daar lugverkoeling is). Kan jy jou voorstel in watter petalje so 'n fees in die middel van die somer in Pofadder sou ontaard!

Dan is daar ook verskeie sjokolade-"happenings" wat ewe gewild, maar heelwat meer ondergronds is. Gedurende dié happenings word naakte modelle met 'n heerlike trio van wit, melk- en donker sjokolade geverf. Toeskouers wat 'n kaartjie bekom het (en kan bekostig) word guitig 'n potjie louwarm sjokolade en 'n kwas in die hand gestop – et voilà! Van die meer esteties aanvaarbare resultate kan op koerantagterblaaie bespeur word. Sommige van die happenings ruk soms effe handuit en dan word vreemde liggaamsdele in die glinsterende, gesmelte sjokolade gedoop.

Volgens die geskiedenisboeke het die antieke Majas sjokolade en heuning die eerste keer gekombineer om 'n dik, skuimerige drankie te maak. Dit was skynbaar 'n stapeldrankie wat by elke maaltyd geniet is. Die Asteke het ook vir ons die woord sjokolade gegee deur "chikolli" en "ãti" saam te voeg. In Nahuatl beteken dit "haak" (of roerstok) en "water". Kort voor lank het ons die lekker woord: chocolatl!

Daar is soveel stories oor hoe die sjokoladeboontjie in Europa beland het, maar die waarskynlikste is dat dit saam met Christopher Columbus in 1502 in Spanje aangekom het. Dit was onbekostigbaar duur en slegs beskore vir die rich and famous. Soos met die meeste feitlik onbekombare luukshede gebeur, het die sjokoladekoors soos 'n veldbrand deur Europa versprei.

Die Spanjaarde het sjokolade by die Mexikane gekry en so het dit in Frankryk in die koninklike hof beland as huweliksgeskenk van Anna van Oostenryk aan Louis XIII op hulle troudag in 1615. Van daardie heuglike dag af was sjokolade 'n instelling in die Franse koningshuis.

Die storie is dat François Massialot die eerste Franse sjef is wat sjokolade in sy kookkuns gebruik het. Hy verwys reeds in 1691 daarna in sy kookboek, *Le Cuisinier Royal et Bourgeois*. Massialot is terloops ook die vader van crème brûlée en crème au chocolat, wat vandag nog menigte se gunstelinge is. Massialot het ook dikwels 'n blokkie sjokolade by sy pot-au-feu gegooi, soos vandag nog die gebruik is wanneer bœuf bourguignon gemaak word. Ha, daar het jy nou die geheim!

Deesdae word die sjokoladebedryf in Frankryk streng gekontroleer en die Franse maak aanspraak daarop om een van die wêreld se voorste vervaardigers te wees. Die aanspraak op wêreldfaam word deur 'n paar interessante feite ondersteun. Een van die wêreld se beroemdste en mees gerespekteerde sjokoladevervaardigers is Valrhona, met hul fabriek aan die Rhône-rivier suid van Lyon. Valrhona gebruik slegs die criollo-boom se kakaobone in hul sjokolade. Hierdie seldsame bone verteenwoordig slegs drie persent van die wêreld se kakaoproduksie. Die res van die wêreld gebruik oorwegend die forastero-boon wat meer algemeen beskikbaar is en blykbaar effens minder uniek proe. By Valrhona word die heel beste bone gesorteer en baie stadig gerooster. Soos met van die groot wyne uit die Rhône-vallei word daar besondere versnitte gemaak volgens kleur, smaak en tekstuur.

Franse sjokoladevervaardigers word deur wetgewing gedwing om kakaopoeier met kakaobotter te meng, terwyl die res van die wêreld hoofsaaklik plantaardige olies gebruik. Hiervoor lig die Franse hul aristokratiese neuse hoog in die lug. Hulle sal jou vertel dat sjokolade, soos wyn, parfuum en renperde, 'n fynproewerkeuse is. Daar is 'n ewe groot verskil tussen 'n Kit-Kat en 'n sjokoladetruffel van Debauve & Gallais as wat daar tussen Sea Cottage en 'n Bentley is!

Debauve & Gallais se oudste sjokoladeboutique is op die linkeroewer van Parys in Rue des Saint- Pères geleë. Hierdie bekroonde maatskappy is al sedert Louis XIII die sjokolademakers vir die Franse koningshuis. Dit was egter gedurende die luisterryke heerskappy van die Sonkoning dat Debauve & Gallais wêreldroem bereik het.

Koningin Marie Antoinette was glad nie lief daarvoor om haar medisyne te drink nie — dit was heeltemal te bitter en onsmaaklik. Sy het Sulpice Debauve, die koninklike apteker, opdrag gegee om 'n teenmiddel vir haar bitterbeker te vind. Hy het 'n vernuftige sjokolademuntstuk vervaardig wat terselfdertyd soet en ryk was. Dit is versoet met die heuning uit Parys se byekorwe.

Sy was so verheug oor die muntstuk dat sy hom oorreed het om 'n hele reeks van hierdie sjokolademuntstukke vir haar en die howelinge by Versailles te maak. Debauve het die sjokolades Pistoles de Marie-Antoinette genoem en dit was onmiddellik so gewild dat die Pistoles daagliks op groot skaal aan die hof verorber is. In 1913 is die Pistoles de Marie-Antoinette ook aan die publiek beskikbaar gestel en dit is vandag nog 'n topverkoper.

As jy na 'n deftige Franse ete genooi word, is dit besonder grasieus om jou gasvrou met 'n verskeidenheid Debauve & Gallaissjokolade te verras. Dit word steeds in die amptelike koninklike verpakking met sy indrukwekkende blougrys en goue kleure aangebied.

La Royale is 'n verstommende versameling heerlikhede wat reeds van Louis XIV se tyd vir spesiale geleenthede aangebied word. Jou gasvrou sal erg beïndruk daarmee wees. Wees verseker dat enige gas in 'n genoeglike stilswye sal verval wanneer een van hierdie lekkernye op hul tong beland. Die groot houer met 76 petites délices sal jou 515 euro (sowat R8 300) uit die sak jaag. Moenie weghol nie! Gelukkig kom Royales ook in kleiner dosies met so min as 12 daarin. En 38 euro (sowat R600) is darem nie só erg nie, maar wel 'n bietjie duurder as 'n pakkie M&M's.

Debauve & Gallais se winkel in Rue des Saints-Pères is 'n besoek werd, al is dit net om jouself te vergaap aan die verstommende verskeidenheid en ongelooflike vakmanskap van die delikate sjokoladejuwele. Heel moontlik stap jy daar weg met 'n sakkie Emperor Napoleon Croquamandes. Dit was Napoleon Bonaparte se spesiaal vervaardigde lekkerny wat bestaan uit heerlik geroosterde amandelbondeltjies in gekarameliseerde suiker, bedek met 'n lagie donker, effens bitter sjokolade. Vanaand Joséphine!

As jy 'n sjokolis is, beter jy die volgende Franse woorde onder die knie kry: "Praline" is 'n mengsel van geroosterde amandels en haselneut wat in heuningsuiker gekaramelliseer is. "Ganache" is sjokolade wat met room en botter gemeng word. "Gianduja" is geroosterde en gemaalde haselneut en sjokolade. Pierre Hermé (een van die bekendste soetbakkers in Parys) se sjokolade-"macarons" is 'n dubbele sjokolade-makrolletjie met 'n hemelse vulsel. Hermé se liefde vir sjokolade is legendaries en dit word met oorgawe en waagmoed in die meeste van sy soetgebak gebruik.

À la Mère de Famille in Rue du Faubourg in Montmartre is ook 'n besoek werd – die pragtige 19de-eeuse fasade van dié besonderse winkel is iets om te aanskou. Hierdie instansie smous sedert 1761 sjokolade en maak vandag nog die alombekende Palet Montmartre, 'n sjokoladeblaadjie so dun soos 'n lemmetjie, wat met praline of ganache gevul word.

Ek is lank reeds 'n verklaarde sjokolis en 'n deel van my maandelikse terapie is 'n besoek aan Angelina in Rue de Rivoli. Dis 'n ou Paryse instansie wat al amper 120 jaar oud is, waar gonsgroepies vriendinne bymekaarkom om te klets en gesien te word. Sedert die 1900's staan die who's who van die avant-garde tou vir koffie, tee en die bekende siergebak van Angelina. Skrywers, kunstenaars en politici het Angelina gesog gemaak. Proust en Coco Chanel was onder die bekendes wat amper daagliks daar te siene was.

Net soos die haute couturiers bied Angelina twee keer 'n jaar 'n nuwe soetgebakreeks aan. Dis nogal 'n storie wanneer hulle die versameling bekendstel. Die lente/somer-versameling van 2019 het onder meer die verleidelike Louise ingesluit. Dit is 'n pikante groentee-, amandel- en aarbeitertjie wat jou die sterre laat sien.

Angelina se alombekende L'Africain is al vir dekades op die trefferlys. L'Africain is 'n dik, donker, stomende sjokoladedrankie wat met 'n bekertjie vars room daarby bedien word. Dis die wêreld se beroemdste warm sjokolade en behoort bo-aan alleman se spesiale wenslys te wees. Tradisioneel eet 'n mens 'n Mont Blanc daarmee saam. Dis 'n tertjie met 'n skuimpiebasis, gevul met 'n soet kastaiingpuree en bedek met geklopte room. Hemels! L'Africain laat hierdie l'Africain sommer tuis voel, al knoop sy tong steeds om die Franse uitspraak.

Die Franse hou van grappies vertel. Partykeer ook maar simpel grappies, maar dit het gewoonlik iets met kos of eet te make. "Wat is 'n Franse kat se gunsteling-Krismispoeding?" vra madame X my ná 'n aandete by haar watermeulhuis op die Petit Creuserivier.

Ek skud my kop en vee my mond af ná my laaste smulseltjie nagereg.

"Chocolate mousse!"

Almal lag dat die trane rol.

As ek op my beurt 'n verstaanbare grappie of storie op Frans vertel, klop almal my op my rug: "C'est une histoire très drôle (Dis nou 'n snaakse storie)." Drôl is darem ook 'n vreemde Franse woord, dink ek so by myself. Hou dit asseblief net weg van die drinkwater!

13

Daar's soms 'n parra in die paradys

Daar is nie net prinse en prinsesse in die paradys nie, soms tref jy ook 'n paar parras aan. Nie alle Franse ruik na Chanel No 5 nie en almal van hulle is beslis nie gaaf en goodie-two-shoes nie. Die Kanadese skrywer Doug Coupland sê sonder om 'n oog te knip: "The French could never write user-friendly software because they are so rude."

Hierdie gelaaide uitspraak bring my by die hoëhol Franse kelners. Hulle is 'n spesie op hul eie en is wêreldbekend vir hul onbeskoftheid, veral as die blikskottel sien jy is 'n étranger. Dan sien jy net neusvleuels.

Probeer gerus 'n kelner se oog vang, ek dare jou. Dis haas onmoontlik. Hy sal voortgaan om met dowwe oë 'n wynglas te poets wat reeds soos die melkweg skitter. Wanneer hy verby jou tafel loop, draai hy sy hele lyf in die teenoorgestelde rigting.

As jy so dwaas is om jou vingers te klap en soos in die Amerikaanse films te gil: "Garçon!" (Kelner!) is jou doppie finaal geklink. Jy kan dan netsowel opstaan en na die bistro langsaan verkas.

Onthou ook dat daar 'n verskil is tussen 'n café, 'n brasserie, 'n bistro en 'n restaurant en elkeen het sy eie kodes en ditjies en datjies wat jy maar moet gaan Google, ou pel. Anders is jy weer kniediep in die you know what!

Ons is gereelde kliënte by 'n geliefde bistro in een van die glasarkades in Parys. Ons het die bestuurderes en een van die kelners, Gilles, die oudste en suurste in die bistro, goed leer ken. Op 'n keer ná 'n tentoonstelling in Londen en 'n rit op die Eurostar na Parys sien ons daarna uit om by ons gunsteling-bistro te gaan eet. Ons loop deur die eerste saal vol bistrogangers. Glase klink en messe en vurke klingel oor wit porseleinborde. Ons groet die bestuurderes, wat besig is om 'n vrou uit haar jas te help. Ek kan die parfuumdampe ruik waar ons geduldig staan en wag.

Die bestuurderes beduie dat ons na die tweede saal moet deurstap. Ek sê nogal vir Hardy met groot genoegdoening: "Dis my plek dié." 'n Mens mag seker sê jy het in Frankryk "gearriveer" wanneer jy herken en erken word in 'n bekende Paryse bistro.

In die groot, tweede saal is daar seker meer as 40 tafels en stoeltjies. Daar sit 'n baie groot Franse man by die een tafeltjie. Shrek se eie bloedneef. Sy servet is by sy hemp se boordjie ingedruk, sy mond blink soos die aandster van die smeersels eendvet en sampioensous. Sy gade steek nie juis af by hom nie. Hulle lywe hang letterlik oor die tafeltjie langs hulle s'n. Haar groot Dior-drasak staan en gaap op die stoel langs haar.

Gilles bewaak die ingang na die saal. Ek maak my keel skoon om hom met 'n gesellige "Bonsoir, Gilles" te groet.

Voordat ek een woord verder vertel, laat ek eers my verwondering oor die Franse se gemak met klein goedjies deel. Hier praat ek nou nie net van Cartier se blink klippies of die kristalbotteltjies van Balenciaga nie, maar veral van Parys se klein woonruimtes en die piepklein hysbakke. Incroyable! (Ongelooflik!)

Maar dis die miniatuur bistro- en restauranttafeltjies wat my laat kantel. Selde groter as 60 cm x 60 cm vir 'n twee persoongedoente en dan 'n rapsie groter vir vier en ses mense. Maar gaan sit die twee van ons nou by 'n tafeltjie vir vier, dan breek alle hel los. Om alles te kroon, word die tafeltjies altyd byna teenaan mekaar geskuif. Ons sit eenkeer buite op die sypaadjie van 'n sjiek bistro langs 'n oulike paartjie. Die wynkelner het ons wyne in pragtige silwer wynverkoelers aan ons tafeltjies gehaak. Omdat die tafeltjies so naby aan mekaar was, het die bottels langs mekaar in die gleuf tussen die twee tafels gehang. Ek en Hardy is druk besig om te klets. Dan skink hy vir my 'n glasie. Dan maak ek weer sy wynglas vol. So verloop die voorgereg vol behaaglikheid. Toe die kelner ons borde kom weghaal, sê die vrou langs my vir die kelner: "Vra die toeris hier langs my om asseblief nie vir hulle van ons wyn te skink nie."

Vóór die kelner sy mond kan oopmaak, draai ek na die vrou wat naastenby skouer aan skouer langs my sit: "Je suis désolé, madame!" (Ek is baie jammer, mevrou!)

Ek ruik haar parfuum en sien die goue spikkeltjies in haar grasgroen oë. Voordat ek nog verder kom, sê sy in perfekte Engels, haar aksent so effentjies Frans: "You may pour me a glass of your wine, I can see that you have exceptional taste."

Ons het wraggies dieselfde Boergondiese witwyn van Château de Meursault bestel. Hulle bottel wyn is net van 'n beter oesjaar.

Net daar word ons nuwe beste vriende. Ons is selfs saam met hulle na hulle appartement op een van die Grands Boulevards naby die Palais Garnier. Hulle kunsversameling is fantasties – 'n Rodin-beeld van 'n Griekse jongeling staan langs 'n Giacometti-man wat met 'n groot tree vorentoe loop. Elders is daar 'n Renoir en ook 'n pasteltekening deur Degas. Hopelik in die nabye toekoms ook 'n LJvV. So, liewe leser, nie alle Froggies is parras nie.

Maar terug na Gilles, wat nou in die deur omswaai en ons met 'n geïrriteerde hand beduie om langs Shrek en sy vrou in te skuif. Onthou, die res van die saal is dolleeg.

"Nee," sê ek vir Gilles wat so ewe die vrou se sak op die grond neersit. "S'il vous plaît laissez-nous nous asseoir là," (Laat ons asseblief daar sit) sê ek met 'n stemmetjie wat amper 'n hoë F-noot bereik en wys na die leë tafels 'n entjie weg.

Hy verwerdig homself nie eens om na my te kyk nie.

"Non! Asseyez-vous ici." (Nee, sit hier) Gilles wikkel die stoel langs Shrek soos 'n stiervegter se rooi doek.

"Nee," sê ek woedend op Frans, "die saal is leeg en ek wil nie bo-op die mense sit nie, ek wil by daai tafeltjie sit."

"Nee," sê Gilles. "Nee, al die tafels is vir nou bespreek."

"Almal?" vra ek.

"Certainement, oui!" Hy staan nou terug van die stoel wat hy vir my uitgetrek het en probeer my soos 'n verkeerskonstabel in 'n parkeerruimte in wuif.

Shrek en sy vrou herkou luidkeels aan eendbeendjies, heeltemal onbewus van die herrie. Iets suis in my kop en ek onthou weer die ingeligte, vriendelike kelners by Yotam Ottolenghi se Nopi-restaurant in Londen.

"Fokkof Gilles, jy is 'n Spaanse koei," blaf ek en waai my hand oordrewe voor sy gesig en op in die lug. Ek besef ek het nou weer my idiome omgeruil, maar op dié oomblik werk dit perfek. In die proses klap ek per ongeluk 'n waterglas raak dat dit 'n paar tafels verder in skerwe spat. Op hierdie dramatiese oomblik draai ek op my hakke om en storm na buite.

By die deur wil die bestuurderes nog uitvra, maar ek gooi my hande net dramaties in die lug en blaas soos 'n Fransman. En basta!

Soos die Walliese akteur en komponis Ivor Novello in 1941 gesê het: "There's something Vichy about the French."

Vóór die voorval het ons van ons La Creuzette-gaste gereeld na hierdie bistro geneem wanneer Parys op die reisagenda was. Ons het dit gewoonlik gelukkig getref en een van die vriendelike kelnerinne gekry.

Julle kan julle indink dat dit nie 'n maklike taak is wanneer ek en Hardy die hele spyskaart aan die honger gaste moet vertaal nie. Die een trek haar neus op vir die haas, 'n ander een kan nie ophou lag vir die paddaboutjies in witsous nie.

Op die kere toe ons nié so gelukkig was nie, het Gilles soos 'n stiervegter om ons tafel gepronk. Sy enkellengte voorskoot onberispelik skoon, die lapservet netjies in die voorskoot se seintuur gedrapeer. Lippies dun en in 'n suur halfmaantjie getrek. As hy vorentoe leun in sy blinkleerskoene, ruik jy iets seperigs en terselfdertyd stowwerig.

Een aand sit ons met 'n klomp uitbundige Suid-Afrikaners om die klein bistrotafeltjie, met Gilles wat om ons kalkoentjie trap. Ná die voorgereg en die hoofgereg met moeite en 'n groot gebrom afgehandel is, staan hy met die nageregspyskaart voor ons. Hy rol sy oë soos 'n trapsuutjie dakwaarts, asof hy na brommers soek.

Een van ons gaste, Fluitjie Viljoen, 'n lywige dame met drie of vier Franse lesse onder die knie, sug met blink, botterige lippe na Gilles se kant toe: "Je suis plein."

Hy kyk haar 'n paar oomblikke lank uit die hoogte aan en sê met 'n smalende smoel: "C'est évident, madame." (Dit is duidelik, mevrou.) Hy sluit sy hande vroom voor sy bors, asof hy pas 'n Bybelse wysheid geuiter het.

Fluitjie het die woord "vol" direk in Frans as "plein" vertaal. Sy wou sê sy is versadig, maar wat sy eintlik kwytgeraak het, is "ek is swanger".

"Swanger" Fluitjie se maat, Lientjie Louw, is 'n gevoelige vrou. Sy het reeds in die bus gevra dat ons die lugreëling moet afskakel, sy is vatbaar vir trekke. Ek hoor een van die ander gaste brom: "Dis omdat sy altyd so effens getrek is." Haai julle, dis nie mooi nie, dink ek.

Ons tafel is oorkant 'n oop deur en venster, en die ligte windjie wat ons almal koelkop hou, teister haar blaaie. Sy sê vir die honderdste maal dat 'n trek haar dood kan beteken. Dit is warm in die bistro, maar sy wou niks weet van buite op die terras sit nie. Dit sou die finale strooi wees.

Sy was duidelik ook saam met haar maat by die Alliance Française in Kaapstad. Vir Gilles sê sy dapper: "Ferme la porte, je suis froid!" (Maak die deur toe, ek is kil.)

Lientjie wou eintlik vra dat hy die deur moet toemaak, omdat sy koud kry, maar wat sy eintlik gesê het, is dat sy kil is, of "frigid", soos die Engelse sê. In Frans sê 'n mens nie "ek is warm/koud nie" nie, want dit het 'n seksuele betekenis. 'n Mens sê eerder "j'ai chaud" (ek het warm). Jy kan lelik in die moeilikheid beland met die ander manier van warm kry.

Onbewus hiervan, kyk Lientjie Gilles kwaai aan terwyl hy die groot sny aarbeitert voor haar neersit. Die crème de marrons drup oor die rand van haar bakkie en sy lek die stroperige sous gretig van haar vingers af. Groooot faux pas!

Ons eerste
groep kuiergaste
saam met sjef
Marlene van der
Westhuizen
(vierde van links).

❦

Brood is
nommer een!

Ek en Hardy saam met Anet Pienaar-Vosloo voor die bekende
La Peyrouse-restaurant in Parys.

Gilles trek 'n geskokte gesig en tree 'n treetjie agteruit, sy hande nou twee stoptekens voor sy bors. "Laissez tomber, madame!" (Los dit, dame!)

Quelle horreur!

Franse wynkelners is genadiglik in 'n ander klas. Die beter restaurante het 'n sommelier of wynmeester wat jou sal bystaan en help om die regte keuse te maak.

Ons het in Montluçon vriende gemaak met 'n gawe sommelier wat ons die fyner kunsies van Franse wynetiket geleer het. Sy naam was besonder gepas – Philip d'Canter (klink soos "decanter"). Kan jy nou meer.

Monsieur d'Canter het 'n skerp sin vir humor. Hy vertel dat 'n mens altyd 'n goeie bottel rooiwyn moet laat asemhaal, maar as jy die bottel ná 'n tydjie nie meer hoor asemhaal nie, is mond tot mond die enigste antwoord. Cheers ou maat!

Die Franse maak gereeld die volgende grap: Hoe sien jy 'n toeris of inkommer raak? Dis die een wat sit en rooiwyn drink vir die sports. Die Franse drink gewoonlik nie rooiwyn sonder 'n maaltyd nie.

Daar is natuurlik 'n horde ander drankies wat op hul eie gedrink kan word. Sjampanje is hoog op die lys. Ek dink steeds dis stylvol om met die aankoms vir jou gaste 'n lekker sjampanje te bedien en om weer saam met die nagereg vir 'n tweede keer sjampanje te skink. Dit lyk ook mooi as jou glase so op 'n ry voor elke bord staan. Eers die waterglas, dan die witwyn- en rooiwynglas, en dan die sjampanjeglas.

Wanneer 'n mens in Frankryk wyn drink, is brood nooit te ver weg nie. Brood is deel van die Franse se nasionale bewussyn. Ek sal nooit die opmerking op 'n houtbordjie buite 'n Franse dorps-bistro vergeet nie: "Bread is the warmest, kindest of all words. Always write it with a capital letter, like your name."

'n Franse spyskaart is ondenkbaar sonder die hoofrolspeler: brood. Die baguette met sy krakerige sonskynkors is veral belangrik. Die Franse is vol fiemies oor hulle brood en die baguette moet nét reg wees, anders is daar moeilikheid. Die ideale baguette is om en by 70 cm lank en weeg tussen 150 en 175 g. In die eetkamer by die huis of by die restaurant kom die brood heel eerste tafel toe en bly 'n belangrike deel van die ete tot en met die kaasgereg, wat gewoonlik die vierde dis is.

Die croissant kom oorspronklik uit Oostenryk, maar die Franse het dit sonder skroom aangeneem. 'n Franse ontbyt is haas ondenkbaar daarsonder en so is dit ook by La Creuzette. Hardy bak gewoonlik vroegoggend 'n dosyn of wat vir ons gaste. Die pain au chocolat en die la parisienne is twee heerlike voortvloeisels uit die nederige croissant.

Daar is seker nog 'n halfdosyn ander klassieke broodsoorte beskikbaar, waarvan die couronne en die ficelle gunstelinge is. Met die nuwe tendens om glutenvrye brood te maak en die herontdekking van ou soorte meel wat nie noodwendig uit koring vervaardig word nie, is daar 'n magdom nuwe deuntjies op die ou wysie. Bokwiet is die nuwe swart, skree die jong bakker op die markplein. Ek is dadelik oorrompel. Nou leer ek van boermannabrood en kekerertjiemeel, om nie van amandel- en klappermeelbrood te praat nie!

As jy klaar oor brood en wyn in Frankryk gepraat het, is water volgende, want soos dit êrens in Matteus geskryf staan, kan die mens nie van brood alleen lewe nie. Ons ken almal die bekende Franse gebottelde water soos Evian, Volvic en Perrier, maar daar is een wat kop en skouers bo almal uittoring. Jy sal die Franse mateloos beïndruk as jy hul bes bewaarde geheim opdis: Chateldon. Dit is 'n seldsame mineraalwater met natuurlike borrels, wat kom uit die hartjie van die Puy de Dôme-streek met sy tientalle fonteine. Die water is reeds sedert die tyd van Louis XIV en Louis XV bekend vir sy helende kragte. Die koning se dokters het dit aanbeveel vir enigeen wat wou luister en dit kon bekostig. Sedertdien verskyn die bottels water op die mees toonaangewende restaurante se tafels.

Toe ons die eerste keer met hierdie vonkelende water te doene kry, sit ek en Hardy in 'n la-di-da-dakrestaurant wat oor die flikkerende Parys uitkyk. Die Eiffeltoring bibber en blits soos 'n kristalvuurpyl wat op die punt staan om die heelal in te vaar.

Toe ons 'n bietjie huiwer om die effe hoë prys vir die bottel Chateldon te betaal, lig die kelner met die perdebylyfie sy wenkbroue tot net duskant die dakvensters in die plafon. "Ripoff – ek soek nou net 'n glas kraanwater," het Hardy nog so tussendeur sy tande gesis. En dis presies wat die snip van 'n kelner toe voorstel: "Miskien moet julle die Château Robinet of Château la Pompe probeer." Oftewel kraan- of pompwater.

Sedert daardie dag se nederlaag gil ek sommer al by die restaurant se voordeur: "Chateldon, s'il vous plaît!"

"Ook niks gewoond nie," sou my pa sê, donker wenkbroue in 'n ongeduldige frons gefrommel.

14

'n Huis gevul met liefde

Gedurende La Creuzette se restourasie, of is dit eerder totale herskepping, het ons vir 'n paar maande soos molle onder die stof geleef. Die taupe (mol) is 'n ywerige werker, maar soos enige grasperkeienaar kan getuig, is hy blind.

Toe ons een Saterdagoggend uiteindelik asemskep, val dit saam met die hertogin se eerste besoek nadat sy die kasarm aan ons verkoop het. Ons spit en polish soos dit hoort.

Hardy tower 'n massiewe rangskikking van veldblomme in die voorportaal op. Die getjipte Baccarat-vaas wat ons die vorige Sondag op die brocante in die buurdorp gekoop het, skitter soos die oggendster. Die krakie op die rand van die pragtige pot is na agter gedraai en staan op die klavier wat ons by die familie gekoop het.

Chopin het klaarblyklik van sy laaste etudes op dié instrument gespeel. Ek skiet nie spek nie, hoor! Een van ons buurdorpe is Nohant waar George Sand vir 'n tyd lank saam met Frédéric Chopin in haar château gewoon het. Soos ek al genoem het, het Sand dikwels in Boussac kom kuier en selfs een van haar boeke hier kom skryf. Sy was vriende met ons hertogin se voorouers en dié het die klavier wat in ons voorportaal staan, by Sand gekoop.

Die hertogin kom teedrink en ons bedien elegante snytjies pruimtert met geklopte room. Sy eet haar tert fyntjies met 'n blink ge-vryfde vurkie. Die kamer ruik na kaneel en parfuum.

"Dit is 'n huis van liefde dié ... hou dit asseblief so, menere," sê sy eensklaps. Haar oë kaats blou en sy kyk deur die groot vensters na die groot beukeboom wat in die middel van die tuin staan. 'n Reuse-blaarsambreel waaronder die toringuil sawens roep.

"Toe ek tien jaar oud was, het ek onder daardie majestueuse boom gesit met my pop Janine. Dis my gunsteling-plek in die wêreld." Sy skuif 'n bietjie vorentoe in haar stoel.

"Een dag kom 'n motor deur die hek gery en kom voor die im-posante trappe van La Creuzette tot stilstand. Ek hou almal dop met my pop op my skoot. Twee grootmense klim uit en maak die agterdeur oop. 'n Seuntjie met raafswart hare klim uit. Hy het 'n pak klere met 'n bloedrooi das aan," vertel sy.

"Die grootmense beduie vir die knaap na waar ek onder die boom sit en hy stap toe oor die grasperk tot vlak voor my. Hy steek sy hand ewe formeel uit en sê in die heel mooiste stem wat ek ooit gehoor het: 'Bonjour mademoiselle, je m'appelle Renaud Saint Gal de Pons.'

"Ek het dadelik geweet dat hy my ridder op die wit perd is." Die hertogin glimlag en drink 'n slukkie koffie. "Ons is op 30 Augus-tus 1934 getroud en van toe af is hierdie huis met liefde gevul."

Die hertog en hertogin is geseën met sewe kinders en later ook 'n magdom kleinkinders en agterkleinkinders. Oor die dekades het mooi lewensgebeure by La Creuzette afgespeel.

Nodeloos om te sê gehoorsaam ons die hertogin se versoek, want ons wil La Creuzette se liefdesvuur laat voortflikker. Ons het dit vermoedelik reggekry, want in die tyd wat ons hierdie won-derskone ruimte bewoon, speel daar ook pragtige verhale af.

So was daar die formidabele dame uit die Suiderland, diep in die sewentigs, en die diamanthandelaar uit Noord-Europa wat by my kom skilder het. Daar was onmiddellik vonke tussen die twee, 'n petit frisson, soos die Franse sê. Dit was te mooi vir woorde om die twee skeppende mense te sien verlief raak. Skugter en skaam aan die begin, later baldadig en vol sports. So van sports gepraat, hulle is op 'n later stadium in sy afslaankapsportmotor Toskane toe, waar hy 'n plaashuis besit. Ek sal nooit die gesig vergeet nie – sy pet kordaat op sy kop en haar Hermès-serp elegant om haar steeds donker krulle gebind. Hulle is in 'n rookwolk daar weg, die radio ingestel op Chérie FM met Nolwenn Leroy wat sing "Juste pour me souvenir . . ."

Die verhaal wat vir my egter die romantiek en betowering van La Creuzette die beste versinnebeeld, ontvou so: Gedurende die jaar kry ons studentehelpers wat by La Creuzette kom handgee met al die uiteenlopende take wat deel is van die château se daaglikse roetine. Diegene wat vertroud is met die ingewikkelde ratwerk van hotelle, gastehuise en restaurante, sal weet dat jy hare op jou tande moet hê om alles seepglad te laat verloop, veral as 'n mens 'n baie hoë standaard handhaaf.

Die studente kom van heinde en verre – Amerika, Engeland, Frankryk, Oostenryk en Kanada, maar die meeste kom uit Suid-Afrika. Hierdie internskappe het begin as 'n guns wat ons aan vriendinne met dogters (én seuns) wou doen. Dit is nou so gewild dat daar lang waglyste is vir dié gesogte internskap.

Een jaar het die hele *Kwêla Kokkedoor*-span as deel van die prys vir die semi-finaal by La Creuzette 'n episode kom skiet. Wat 'n

Die hertog en hertogin Saint Gal de Pons
op hul troudag by La Creuzette.

Therese Benade
voer 'n onderhoud
met my vir
Kwêla.

⁕

DeVerra Auret (links),
bestuurder van La
Creuzette, en
Maya Grey skink
sjampanje op
die liefde.

kermis was dit nie! Therese Benade het vir *Kwêla* oor die Kokkedoor-opname berig en ons klets soos ou vriende. Sy vertel toe dat sy 'n liewe persoon ken wat sy dink perfek sal wees vir die internskap. Therese belowe ons dat dié persoon iemand heel besonders is.

Die blouoog DeVerra Auret het saam met die lentebloeisels in Frankryk aangekom. Dit was ná 'n ernstige vermaning van haar pa om tog net nie "op 'n Fransman te gaan staan en verlief raak" nie. Haar antwoord aan hom was: "Pa, ek luister na my verstand en nie sommer na my hart nie."

DeVerra is, soos die VLV-dames sal sê, 'n raakvatter. Bo en behalwe die energieke wyse waarop sy haar take verrig, is sy op die koop toe 'n ontwerper wat aan die estetiese ook aandag gee. Dit verdien 'n dubbelplus in my blou boekie.

Tussen die seisoen se somertoere is daar altyd 'n paar dae se vrye tyd waartydens die jong mense in die internskapprogram ontspan en asemskep vir die volgende toer. By een so 'n geleentheid was daar 'n musiekkonsert in die skoolsaal. Al wat leef en beef is daar, dis nou die onder-30's. DeVerra en nog 'n intern is voor in die koor en maak vriende met 'n gawe groep jong mense wat ná die konsert almal by iemand se huis verder gaan partytjie hou.

Dis 'n vrolike gedoente en die mooie DeVerra het gou 'n jongetjie wat om haar kalkoentjie trap. Met sy selfoon in sy klam hand Google Translate hy gesprekke vir haar. 'n Wyle later kom 'n vriendin verby en stel 'n jong man en passant (sommerso) aan hulle groepie voor.

DeVerra se hart mis 'n klopslag. Nie net is die Fransman baie aantreklik nie, hy kan op die koop toe Engels praat. Monsieur Google Translate het die ligte blos op DeVerra se wange gesien toe

Antonin aan haar voorgestel word. Gevolglik versnel hy sy kuber-vertalingstrategie en skuif besitlik nader aan haar en bombardeer die stomme meisie met driftige versoeke.

Ek is oortuig daarvan dat Afrodite daarvoor verantwoordelik was dat Antonin 'n tweede keer by hulle groepie aansluit. Op daai oomblik raak monsieur Google Translate se opdringerigheid vir DeVerra net te veel. "Please help me," sê sy benoud en kyk Antonin direk in sy oë.

Sy het later vertel dat dit gevoel het asof 'n ewigheid verbygaan voordat Antonin die oorlamse kêrel aanspreek: "Let go of her arm, I am taking her home," het hy gesê en 'n tree vorentoe geneem.

DeVerra sê ewe beleefd tot siens en dankie aan almal in die groep en stap sonder om om te kyk saam met Antonin weg. Half-pad deur die saal haak sy gemoedelik by hom in.

Teen dié tyd is al monsieur Google Translate se batterye pap en soos die Franse sal sê: les carottes sont cuites (die wortels is gekook, wat beteken dis te laat).

Dié mooi episode het plaasgevind net voordat die studente se termyn vir die somer by La Creuzette ten einde geloop het. DeVerra is hartgebroke oor sy terug Suid Afrika toe moet gaan. Daar en dan besluit Hardy, DeVerra en ek dat La Creuzette 'n bestuurder nodig het, want ons twee manne kan doen met nog 'n paar be-kwame hande.

Maar net om seker te maak dat die Fransman die moeite werd is, besluit ons om 'n impromptu "onderhoud" met die niksvermoe-dende kêrel te hou. Ons wil hom 'n bietjie deurkyk, soos die ou mense sal sê.

Ek besluit om hom in my kop punte toe te ken. Kort voor lank staan sy telling reeds op 'n gesonde agt. Dit is onder meer nadat hy my vertel het watter boeke hy lees. James Joyce, nogal.

Enkele weke tevore, toe hy nog informeel kom vlerk sleep het, het ek vir Antonin, wat 'n natuurmens is, van 'n interessante 19de-eeuse skildertegniek vertel. In die 19de eeu was dit mode vir kunstenaars om met 'n piepklein veertjie wat op die punt van 'n houtsnip (woodcock in Engels en bécasse in Frans) se vlerk voorkom, 'n waterverfskildery te skilder.

Gewoonlik was die skildery van die voël self in sy natuurlike habitat. Dit is 'n tydsame proses en jy moet jou storie ken om met dié delikate kwassie te werk. Die veertjie word dan in 'n spesiale silwer en ebbehouthouer vasgeklem. Dit lyk baie soos 'n outydse pen en penpunt. Die veertjie, en soms die hele penhouer, word dan ook saam met die waterverf geraam.

Ek vertel vir Antonin dat ek dié soort eienaardighede van kunssmaak baie interessant vind en ook dat ek dit graag eendag wil probeer. Die probleem is net, waar begin 'n mens om 'n houtsnipveer te soek?

Na afloop van ons "onderhoud" die dag staan Antonin se telling op nege uit tien.

Met die groetslag haal hy 'n klein koevertjie uit sy hempsak. "Houtsnipveertjies vir jou akwarel," sê hy en glimlag breed.

Ek kan my oë skaars glo. Dis nou vir jou 'n tien uit tien mens.

"Hemel hoor my, DeVerra, as jy nie dié man vat nie, dan vat ék hom!" roep ek uit.

Ons lag dat die trane rol.

15

Troukoors

In Frankryk neem troues 'n heel ander gedaante aan as in Suid-Afrika. Die geleentheid vind gewoonlik oor drie dae plaas: eers die siviele seremonie in die stadshuis op 'n Vrydagmiddag met 'n familiedinee daarna in 'n plaaslike hotel, 'n kerktroue op Saterdag met 'n onthaal en dan is daar die Sondag ook 'n noenmaal net vir die heel naaste familie. Daarna vertrek die paartjie op die la lune de miel of voyage de noce (wittebrood).

Deesdae gebruik die haastige jong mense net die Saterdag en Sondag vir die troue. Saterdagmiddag word die amptelike troue deur die burgemeester in die stadshuis voltrek. Daarna stap hulle sommer in volle regalia na die klipkerk wat gewoonlik net om die draai van die mairie is. Die enfants d'honneur of erekinders lei die prosessie, want daar is nie so 'n ding soos 'n strooimeisie en -jonker in Frankryk nie.

Na die kerkdiens gaan die gaste na die vin d' honneur, 'n groot onthaal wat gewoonlik in 'n park of die salle des fêtes (stadsaal) gehou word. Dis 'n groot affère waarheen baie mense genooi word. Daar is meestal net staanplek, hoewel daar vir die ouer mense 'n paar banke en stoele uitgesit word. Die partytjie sal dikwels vyfuur in die middag begin en so teen agtuur ten einde loop, sodat die bruidspaar en 'n kleiner groep familie en gaste na die repas de noce (trou-ete) kan gaan.

Die jonger garde hou soms net een geselligheid wat dan tot ten minste vyfuur die volgende oggend aanhou. 'n Mooi tradisie word voortgesit deur vir die gaste klokslag om vyfuur 'n stomende bakkie uiesop aan te bied. Dit is die teken vir Ferreira om sy goed te vat en trek. Die gaste se geskenkie is gewoonlik 'n sakkie of 'n boksie met vyf versuikerde amandels in – la boîte à dragées op Frans.

Die keuse van 'n troukoek is 'n ernstige saak, net so belangrik soos die bruid se rok en die huweliksmars. It's no laughing matter, sou my aunty Polly altyd met 'n sug sê voordat sy 'n wit versiersuikerduifie in haar mond sit.

Hoekom eet mense altyd die versierings van 'n troukoek af? Dit gaan tog oor die ryk konjak deurdrenkte vrugtekoek benede die spul marsepein. Sodra die bruidspaar die deure van die troumotor toeklap, sak die bruilofsgaste altyd soos 'n plaag sprinkane op die koek neer.

Ek het al met my eie oë gesien hoe 'n vrou eers die basis aflek en toe die plastiek bruid-en-bruidegom-beeldjie in haar nagemaakte volstruisleer-handsak druk. Daar was skaars plek voor, want 'n hele skep chicken a la king in 'n toegevoude papierbord was reeds daar ingedruk. Wraggies twee wynglase ook.

Ek het eenkeer op 'n troue in Brakpan amper uit my vlamrooi stoel getuimel toe die troukoek ewe seremonieel op 'n trollie die saal ingestoot word. Die hele koek was van koeksisters gemaak wat halfpad in sjokolade gedoop is. As ek reg onthou, is die trollies ingestoot op die maat van Sonja Herholdt se "Jantjie kom huis toe". Die gaste het spontaan met hul voete op die vloer begin stamp. Die koek het selfs die voorblad van die *Brakpan Herald* gehaal.

Die klassieke vrugtekoek-troukoek bly maar die klassieker opsie.

Ek onthou die keer toe 'n vreeslik moderne weergawe van die tradisionele troukoek in Middelburg aan ons voorgesit is. Die mense het nog vir weke ná die glanstroue oor die verskynsel gegons. Die bakker het die onderste koeklaag uit karton gemaak en 'n geheime deurtjie ingesit. Binne-in die onderste laag was klein stafies vrugtekoek, met 'n strepie marsepein versiersuiker bo-op. Elke stafie is toegedraai in deursigtige sellofaan, van daai soort wat sulke hoë muisgeluidjies maak sodra jy dit probeer afhaal. Glo my, dis 'n baie ontstigtende ervaring om in 'n stadsaal te sit waar 300 velletjies papier tegelykertyd aan 't piep gaan.

La Creuzette het al baie troues in haar dae gesien. Van die hertogin se troue in die 1930's en daarna haar sewe kinders en selfs van haar kleinkinders se troues. Die oudste kleinkind het die swaarste getrek want teen daardie tyd was die hertog nie meer daar nie en die familieskatte het aansienlik afgeneem.

Die storie loop so: Die familie het toe vergader en besluit om een van die oudste eikebome in die park te laat opsaag en as meubelhout te verkoop. Franse met blou bloed leen nie geld by 'n bank nie! Toe kon die troue swierig voortgaan.

Ons bied vandag nog gereeld by La Creuzette troues aan, omdat die park besonder geskik is daarvoor. Een keer het ons 'n troufees vir 'n Namibiese bruid aangebied met al die bells and whistles wat daarmee saamgaan. Omdat woestynmense juis van die versengende hitte wil ontsnap, het hulle besluit op 'n datum laat in Oktobermaand. Dis ongelukkig ook die tyd van spontane stortbuie in ons streek.

Die gaste sit tjoepstil en statig om die sewe tafels onder die sederbome. Die kerse flikker. Die paartjie het reeds 'n week tevore voor die magistraat getrou. Die DJ probeer die bruid en bruidegom se gekose lied vir die derde keer te speel, maar elke keer wanneer hulle uit die château se voorportaal na buite begin stap, begin dit te reën.

Kaboem! knal daar 'n weerligstraal uit die grou hemel sodat die château se kandelare eintlik bewe. Toe word alles donker. Die arme bruid moet maar aan die bruidegom se arm bly hang totdat ons die arm van die hoofskakelaar in die pik donkerte in die kelder kan terugwikkel na "aan". Die DJ kry uiteindelik weer die musiek aan die gang en daar stap hulle toe op Rihanna se "Stay" uit.

Hulle is halfpad teen die rooi tapyt af, toe die hemelse sluise ooptrek en reën met 'n ongekende dringendheid val. So onverwags as wat die reënbui begin het, hou dit egter weer op en die laaste sonstrale syfer vrolik deur die wolke.

Almal lag verlig en skuif op hul klam kussings rond. Die bruid se vlamrooi volstruisveer-boa het beter dae gesien, maar volgens die hoofstrooimeisie is haar maskara gelukkig waterdig. Haar onwrikbare krulle is gelukkig so deeglik gespuit dat dit meer as net 'n paar druppels sal kos om die feestelike haardos te ruïneer.

Die seremoniemeester, 'n regte kaartmannetjie, verseker die gaste dat 'n bietjie reën nie 'n Namibiër afskrik nie. Inteendeel, die Namas beskou dit as 'n teken van groot geluk as dit tydens 'n huwelikseremonie reën. Die paartjie se paadjie gaan mildelik met woestynrose besaai wees, seg hy.

Die familie het die vier vrugtekoeklae van die troukoek die hele ent van Namibië af saam gepiekel, en daarby ook 'n halfdosyn bottels dadelbrandewyn uit die Okahandja-distrik. Dit word 'n jolige partytjie.

Vroeg die volgende oggend wil die bruid se tante by huishoud-ster Martine weet of sy maar haar melkies in die mikrogolfoond in die hangkas in die slaapkamer kan warm maak vir haar Ricoffy wat sy saamgebring het.

"Nee madame, dit gaan nie werk nie. Dit is 'n kamerkluis vir jou oorbelle en kontant, maar gewis nie om melk in warm te maak nie," antwoord Martine onthuts. Ons is dit almal eens dat dit die dadelbrandewyn se skuld is dat die dame 'n kluis vir 'n mikrogolf aangesien het.

Die tradisionele Franse troukoek is die alombeminde croquem-bouche. Hierdie skouspelagtige toring is deesdae, net soos die Toskaanse villa, baie gewild in Suid-Afrika. Die croquembouche is in die laat 1700's deur die supersjef Antonin Carême ontwerp as deel van sy reeks pièce montée-nageregte wat as beeldhouwerk na die tafel gebring word.

Die naam het sy ontstaan in die saamvoeging van twee woorde: "croque en bouche", oftewel kraak in die mond. 'n Mondkraker!

Op 'n keer ontwerp die bakker op die dorp op ons versoek vir 'n moeilike kliënt 'n croquembouche wat haar en haar beminde se 50ste huweliksherdenking moet kroon. Daar sal sjampanje en croquembouche bedien word in La Creuzette se tuin, waarna almal na die hotel sal gaan vir die dinee.

Agnès is van die begin af haaks met die bakker. Sy kan nie besluit waarmee sy die profiteroles gevul wil hê nie – dan is dit amandelroom, dan is dit roosroom en dan weer sjokolade-ganache. Sy is ook nie tevrede met die hoogte van die toring nie en Cyril, haar immer glimlaggende man, moet haar meet waar sy by die tafel sit, sodat die piramide presies 15 cm hoër as sy sal staan.

Agnès wil ook hê dat hulle voorletters op 'n paar plekke tussen die balletjies ingewerk word. Op die betrokke aand bring twee Franse kelners die koek op die gegewe oomblik hooftafel toe. Die indrukwekkende croquembouche is in goue skakerings van karamel bedek, met hulle voorletters "CA CA", in amandelroom oral tussen die bolletjies geskryf. Nou, die letter c word in Frans as 'n ferm k uitgespreek. As jy dit dus in Afrikaans lees ...

Ek moet sê, dit was nogal moeilik om nie kliphard uit te bars van die lag nie. Gelukkig kon ek my pose hou en die heildronk sonder 'n proesbui op die effens aangeklamde maar blosende paartjie instel.

So van troues gepraat, op 'n miserabele dag vroeg in Maart 2013 vra Hardy dat ek hom seblief in die kantoor moet kom sien. Hy wil 'n bietjie gesels. Die kantoor is in die dakkamers op die vierde vloer en dis 'n lang stel trappe wat jy tot bo moet klim.

As hy so formeel wil "gesels" dan gaan dit gewoonlik oor een of ander finansiële kwessie, in heelwat gevalle oor iets wat ek weer sonder sy toestemming vir die huis aangekoop het. Nadat ek my asem teruggekry het ná die stelle trappe, blyk dit toe dat ek nie heeltemal van koers af is nie, dit het so effens met finansies uit te waai.

"Ons moet trou," sê hy sonder om te blik of te bloos.

Hy lyk effe ongemaklik en gaan voort: Die rekenmeester stel voor dat ons trou sodat ons die belastingstelsel beter in ons guns kan laat werk. Hy begin babbel en kwoteer bedrae en persentasies asof hy 'n groep BCom-studente toespreek.

"Nee," sê ek. "Nie so haastig oor die klippe nie. Gee my 'n dag of wat om die storie te verwerk."

Ek begin met my staptog na benede, met hom wat agterna mompel. "Moenie nou hard to get speel nie, die man sê hoe gouer, hoe beter."

Die aand voor die TV, net voor ons 'n nuwe reeks van *Game of Thrones* begin kyk, sê ek gemaak gekwets: Dis nie dat ek verwag dat jy op een knie die gewigtige vraag moes vra nie, maar darem. So koel en beredeneerd is darem 'n bietjie stylloos of hoe?"

"Watsit nou met jou?" vra Hardy met sy mond vol popcorn.

"Kyk," sê ek en vat die afstandbeheer uit sy hand en druk die pause-knoppie – as ek teen die Lannisters moet meeding om aandag, gaan ek aan die kortste end trek.

"Here's the deal." Ek is vol waagmoed, want die temalied van die reeks doen dit nogal aan 'n mens. Dit voel asof jy berge kan versit.

"Ons gaan Woensdag Parys toe en dan gaan kyk ons na daai Russian wedding bands by Cartier waarvan ek so baie hou."

Ek druk die Play-knoppie en net voordat die boggelrug prins 'n niksvermoedende edelman se kop afkap, sê Hardy: "Okei dan."

And that was that.

Die siviele seremonie vind op 'n Dinsdagmiddag om vyfuur in die mairie op Boussac se dorpsplein plaas. Nodeloos om te sê, ek het nie net Cartier in Parys besoek nie maar ook vir Christian Lacroix, want my ou kispak het al beter dae gesien en, I mean really, ons is darem in Frankryk.

Daar was 'n fotograaf en verder was net Claude en Françoise as getuies byderhand. Later die aand sou daar 'n grootse feesmaal by La Creuzette wees. Ons geliefde burgemeester is uitgevat in sy République française se amptelike regalia. Ek kry elke keer 'n siddering as ek daardie indrukwekkende seintuur in die tricolore gadeslaan. Die goue tossels waar die linte bymekaar kom lyk nes klokke wat lui.

Dit is die eerste huwelik tussen twee mense van dieselfde geslag wat in ons dorp, nee, eintlik in die hele streek, voltrek word. Ons kan sien dat die burgemeester baie senuweeagtig is. Toe ons uiteindelik op die twee goue barokstoele voor sy lessenaar gaan sit, staan hy op en hou sy hand in die lug.

"Vandag maak ons geskiedenis, nie net in ons dorp nie maar in die ganse Limousin. Ek het besluit om nie die verkorte weergawe van die amptelike huweliksformulier te lewer nie, maar die volle weergawe. Maar voordat ek daarmee begin, wil ek met tradisie breek en vir julle twee nuwe Fransmanne sê dat ek nie vandag net namens myself praat nie, maar dat ek die boodskap namens die dorp aan julle oordra."

Ek voel hoe my hart saamklem.

"Almal van ons het die grootste respek en waardering vir julle twee en wil julle verseker dat julle as 'n belangrike deel van ons gemeenskap beskou word. Julle is geliefd hier."

Hy kyk na ons en glimlag dat 'n mens tande sien. Die knop in my keel word twee trane wat genadiglik ongesiens op my nuwe baadjie val.

Ek kan nie help om dit te vergelyk met ons eerste troue, ses jaar gelede, in die Boland nie. (Ons Suid-Afrikaanse huwelik is nie wetlik erken deur die Franse nie en daarom moes ons in 2013 weer trou.) Ton en Anet was destyds ons getuies en dit sou net ons vier wees, met geen fanfare nie, want vir 'n bohaai was nie een van ons lus nie. Dit was in 2007, kort nadat die nuwe grondwet vir die eerste keer ruimte gelaat het vir sulke bondgenootskappe. Sekere beamptes het nog hulle toys uit die cot gegooi en summier geweier om twee mans in die eg te verbind.

Nietemin, daar staan ons toe douvoordag by Malmesbury se munisipale kantore. Toe die man by die toonbank sien wie die huwelikspaartjie is, het hy die beampte gaan roep wat die seremonie moet voltrek. Die kêrel bly nogal baie lank weg, maar toe hy weer verskyn, sê hy dat meneer So-en-so nou-nou gereed sal wees. Hy kry net die papiere reg.

Twintig minute gaan verby en die man kom nie te voorskyn nie. Dit begin nou kriewel in my kraag. Die grasangeliertjie in Hardy se knoopsgat soek dringend vog.

Die beampte het weer gaan klop en na 'n rukkie druipstert na ons teruggedrentel. Die amptenaar is nie beskikbaar nie, sê hy.

"Wat bedoel jy? Hy was nou-nou nog besig met sy papiere," sê ek en leun oor die toonbank om die man beter te probeer verstaan.

"Hy is nie meer daar nie," sê die knaap skaam.

"Hoe is dit moontlik, hy was dan in die kantoor?" Hardy se stem klim 'n oktaaf of twee.

"Hy het deur die venster geklim." Die ou se gesig is nou so rooi soos beet.

"Jy is nie ernstig nie!" Ek kan my ore nie glo nie.

"Jammer menere, maar dis die heilige waarheid. Meneer So-enso is die enigste beampte wat 'n huwelik kan bekragtig."

Dis 'n teken, sê ek vir Anet wat agter die stuur inskuif. "Kom ons los die affêre – wat maak dit tog saak?"

"Watwou," sê Ton. "Ons gaan Paarl toe."

Anet bel vooruit en hulle gee vir haar die groen lig. So spoed ons, al singende, deur die Swartland se geel koringlande: "Pollie, ons gaan Pêrel toe. Pollie, ons gaan Pêrel toe."

Regs bo en onder: Ek en Hardy met ons troue by Binnelandse Sake in die Paarl met die vriendelike me. Matthews in die middel.

❧

Onder en oorkant: Ons troue in Frankryk met die burgemeester van Boussac, Franck Foulon (tussen ons twee) en ons vriende Claude en Françoise.

Me. Matthews ontvang ons in 'n warm, bedompige gebou in die Paarl. Haar oop, goedige gesig stel ons gerus en ek kan ophou bewe. Anet maak Hardy se verlepte angelier in sy knoopsgat weer regop staan.

"Ons is bewus van wat met julle by Malmesbury gebeur het. Voordat ek begin, wil ek net vir julle twee dapper manne sê dat dit ook vir my 'n eerste gaan wees, maar dat ek trots is om die huwelik te voltrek. Ek weet hoe dit voel om as 'n tweedeklas burger beskou te word. Onse mense het ook ons stryd gehad." Sy kyk my direk in die oë en glimlag dat daar 'n knop in my keel opstoot.

Toe me. Matthews by die stukkie kom waar sy vra of jy so en so as jou eggenote sal neem, noem sy per abuis my naam twee keer. As Ton nie iets gesê het nie, was ek vandag getroud met myself. Ons lag almal lekker. Die ys is gebreek, die knop in my keel is weg en ons angeliertjies is kiertsregop in ons knoopsgate.

Onwillekeurig vergelyk 'n mens die elegante Franse troue met die fiasko in Malmesbury en die latere bevestiging in die Pêrel van die Kaap. Wat my tot aan die einde van my lewe gaan bybly, is nie noodwendig die high-kicks in Frankryk nie, maar die diepe menslikheid waarmee me. Matthews daardie tyd die knoop vir ons deurgehak het.

16

Ek lag myself vlot op Frans

My kwaai ouma Bettie sê van lekker lag kom lekker huil. Sy het baie sêgoed gehad wat ons kinders tog so vermaak het en as ons eers begin lag het, kon niks en niemand ons weer stil kry sonder 'n ordentlike oorveeg nie. Ons sou koggelend vir haar vra hoe 'n blinde sambok kwansuis lyk en wat is dit dan met Dawid wat so sonder helderheid wortels wil gaan grawe.

My suster, wie se bynaam Katrous was, het so gelag dat sy haar broek nat gepiepie het. Toe is ons éérs almal histeries. My pa was bekend daarvoor dat hy oorveë aan verspotte kinders uitdeel. Ek ontvang die eerste oorveeg, want ek wou summier die nat broek gade slaan.

My pa se oorveë was altyd backhanders, want as hy met die palm geslaan het, was ons sekerlik makouvlei toe. Dit was nóg een van ouma Bettie se kostelike sêgoed.

Ek kan nie onthou dat ek ooit weer so gelag het soos toentertyd met ouma Bettie nie. Dis nou totdat ons hier op die Franse platteland kom bly het. Toe lag ons onsselwers 'n papie vir die vreemde sêgoed van Asterix se mense.

Wanneer iemand in Frankryk flou val of dreig om flou te word, sê hulle met 'n diep sug: "Elle tombe dans les pommes" – sy val tussen die appels. Nie op 'n bed van rose of op 'n kombers geparfumeer met Chanel No 5 nie. Nee, tussen die appels. Dit klink met die eerste aanhoorslag dalk effe poëties, maar by nabetragting is dit eintlik 'n bietjie vreemd, of hoe?

As jy nie belangstel in Brigitte of Jean-Claude se romantiese toenadering nie en jy wil nie met hulle uitgaan nie, dan gee jy – letterlik vertaal – vir hulle die hark. Ek het al in Afrikaans 'n skrobbering gehoor, maar om vir iemand 'n hark te wil gee? Well I never.

Wanneer die Franse wil aandui dat iets maklik is om te doen, easy as pie, soos die Engelse sê, dan sê die Franse jy doen dit "les doigts dans le nez". Die letterlike beteknis is "vinger in die neus" en die uitdrukking is aanvanklik gebruik wanneer 'n perdejoggie ver voor sy teenstanders is. Hoe vreemd is dit?

In die begin moes ons dikwels 'n draai gaan loop en 'n groot sluk pompwater drink om nie vir ons nuwe landgenote aanstoot te gee nie. 'n Harde gelag is in elk geval in die Franse etiketboeke totaal inconvenant – behoorlik onbehoorlik.

Oor die algemeen is die Franse vriendelik en behulpsaam as 'n mens met hul mooi taal watertrap, maar daar is natuurlik ook heelwat uitsonderings op hierdie reël. Selfs nadat ons al 'n hele paar jaar in Frankryk gewoon het, het ek gereeld met 'n paar Franse parras te doene gekry.

Soos die dag toe ek vir die busbestuurder wou dankie sê toe ek by die Musée du Louvre in Parys afklim. Ek probeer my uiterste bes om die "merci beaucoup" so melodies as moontlik te laat klink, maar wat by my papperige lippe uitglip klink soos "merci beau-cul monsieur" (mooi agterstewe, meneer).

Die man gluur my met vlammende oë aan. Die busdeur gaan

met 'n geweldige gesuis oop. "Bof!" brul hy, sodat sy pet oor sy oë skuif.

Ek waai nog so ewe, maar die bus trek weg voordat ek nog lekker grondgevat het. Ek beland hande-viervoet voor 'n groep Japanse toeriste wat agter 'n begeleier met 'n geel sambreel aan drentel. Een van hulle gooi toe wraggies 'n twee-euromunt voor my neer. My waardigheid was aan repe.

Een van die algemeenste flaters lê in die verskil in uitspraak tussen die "ou"- en "u"-klanke. Desous word as desoe uitgespreek, dessus as desû. Die een beteken onder en die ander bo-op.

Ek gaan liefs nie in te veel detail uitwei oor hoe dié spulletjie my al in die warm water laat beland het nie. Ek sal wel 'n leidraad gee wat uit 'n ou volksliedjie kom: "Dis jou kombers en my matras, en daar lê die ding."

'n Franse televisiekanaal stuur eendag 'n uitgesproke Parysenaar om met ons 'n onderhoud te kom voer oor ons doen en late op die Franse platteland. In ons kontrei is daar letterlik meer as 'n paar honderd kastele wat vergete lê en wag op mense soos ons wat bereid is om só 'n mal perd op te saal.

Die inwoners van die streek en die regering probeer hard om mense te oortuig om die geskiedkundige geboue op te knap. Hulle bied selfs subsidies aan om mense te inspireer om die troffels op te tel. Die munisipaliteit van Boussac het ons destyds ook 'n subsidie aangebied, maar dit was klein en boonop onderhewig daaraan dat ons die huis vir die publiek moes opstel. Ons het dit vriendelik van die hand gewys.

Madame Hierjy van een van die Franse televisiekanale dra so

'n skewe trilby-hoedjie wat met die eerste kennismaking die honde ontsenu. Terwyl die kameraman sy indrukwekkende lense opstel, vertel madame vir ons hoe en wat en waar ons gaan perform. Vir my kom sy kortaf en stroef voor. Hardy dink sy is charming!

Dit help ook nie dat sy glad nie hou van my skildery wat in die voorhuis hang nie. Sy laat haar assistent dit met 'n bleek tapisserie vervang. Sy klets met Hardy oor alles en nog wat. Tussendeur moet ons ons twee honde gereeld verjaag, want madame is kwansuis vreesbevange vir groot jaghonde.

My beurt voor die kameras breek aan en hulle skiet die toneel voor die huis onder die wildekastaiingbome. Onder die blommende bome en met die kamera wat rol, word ek Cary Grant. Ons moet weer van voor begin, want een van die honde loop voor die kamera verby. Ek begin my stukkie te lewer asof dit Oscar-aand is.

My oomblik van glorie is egter van korte duur. 'Cut!' skreeu madame vir die soveelste keer. Ek het teen dié tyd beetrooi wange en donker sweetkolle op my hemp. Die assistent se gepoeier help nie veel nie. My gesig is 'n gloeilamp, maar ek beur voort.

"Ta gueule," gil madame.

Dit, liewe leser, vertaal in enige taal as 'n onbeleefde sharrap!

"Vous parlez française comme une vache espagnole," blaf sy.

Ek praat glo Frans soos 'n Spaanse koei. Exit Cary Grant.

Met Hardy in my plek voor die kameras is sy heel tevrede en doen 'n uitspattige skoffeldansie toe hy in een take die takie kafdraf. Haar gedansery onder die bome laat die een hond egter snuf in die neus kry. Die volgende oomblik bestorm sy die vreemde madame. Madame se gille het die hond nóg meer op hol en sy byt haar sommer aan die kuit.

Die rumoer wat daarop volg, is onbeskryflik. Sy ruk haar Hermès-gordel los en trek die wit klinknaelbroek tot op die enkels af. Gena-diglik het die hond se slagtand nie die witvleis deurboor nie, daar sit net 'n rooi merk. Sy bel haar dokter in Parys wat haar gerusstel dat sy, ondanks alles, sal leef. Madame eis die hond se dokumente by Hardy sodat sy seker kan wees dat sy nie hondsdolheid opgedoen het nie. Vir my kyk sy die res van die dag heeltemal mis. So asof ek die hond opgesteek het om haar aan te val. Miskien kan honde gedagtes lees en het die stomme dier net haar baas verdedig.

Ek en Hardy lag lekker nadat die spannetjie hulle ry gekry het. Ek kliphard vir die lelike Bridget Jones-kardoesbroek wat ons moes gadeslaan toe madame haar broek aftrek. Glad nie wat 'n mens van 'n sjiek Paryse dame verwag nie.

Ek het die hond in die tuin gaan soek, haar 'n drukkie en 'n ekstra-dik sny filet gegee. Spaanse koei, verbeel jou!

Dit neem jare en baie lag en baie huil voordat 'n mens se Frans-heid begin inskop. Dit was 'n stadige en gebeurtenisvolle trans-formasie wat ons tot 'n groot mate al etende ondergaan het. Van paddaboutjies, ja rêrig, tot die mees gevreesde wors op aarde: die vervlakste andouillette.

Die andouillette is 'n perd van 'n ander geur. Dis so 'n grof gemaalde affère, gemaak van afval uit diverse oorde, gemeng met een of ander varksnit. Kan heel moontlik snoet en stert wees. Dis 'n plomp worsie van sowat sewe of agt sentimeter lank en drie sentimeter dik.

Die klein buksie het 'n geweldige aroma. Dit ruik na iets waarin jy per ongeluk op die plaaswerf getrap het. Dit word gewoonlik

Hardy praat vlot Frans voor die kameras
van 'n Franse televisiespan.

Vir die televisieonderhoud
moes ek maak asof ek skilder, maar tog net nie
iets in Frans sê nie.

verdoesel met 'n uie-en-wynsmoortjie wat die meeste mense die hasepad laat vat. Kan jy glo dat die Franse selfs die stink worsie op 'n sosatiestokkie sal ryg?

Françoise, my beste Franse vriendin en confidante, nooi ons altyd vir 'n laaste avondmaal voordat ons vir 'n vakansie na Suid-Afrika terugkeer. Die tafel word gedek met haar spesiale Limogesporselein en familie se silwer eetgerei. 'n Paar goeie bottels Bordeaux staan op die sideboard en asemhaal.

Toe sy ons die eerste keer genooi het, het sy laat weet dat sy 'n oorspronklike Creusoise coq au vin gaan maak. Gedagtig aan 'n smaaklike Nando's-kiep sit ek watertand op die gegewe aand by Françoise se mooi tafel aan.

Vir voorgereg sit sy 'n heerlike Jerusalem-artisjoksoppie voor.

"Dis nogal 'n storie om dié tradisionele coq au vin voor te berei," sê sy en vee haar lippe met die linneservet af. "Ek het die hoender self by 'n boer gaan koop en moes die huishoudster saamneem sodat sy in 'n erdeskotteltjie die vars hoenderbloed kon klits sodat dit nie stol nie. Dis nodig om die kenmerkende wynsous mee te maak."

Sy neem nog 'n slukkie wyn en begin ons sopbakkies weg te neem. Ek drink my glas tot op die droesem en vat ongesiens 'n teug uit Hardy se glas. In my geestesoog speel die hoenderslag-en-bloedklits-toneel af. Ek hoor nie 'n woord van wat die gasheer en die ander mense verder sê nie. Ek sien net die vrou in die passasier-sitplek met 'n vurk in die hand. Klits, klits, klits. Selfs die geluid van die vurk in die emaljebakkie is onthutsend.

Elkeen se bord word voor hom neergesit met 'n donker hoender-stukkie, 'n paar vitelotte-aartappelskywe en 'n skeppie grasgroen ertjies. Françoise kom met 'n beker sous verby en gooi behendig 'n stroperige waterval pikswart sous oor die hoenderstukkies. Haar bewegings speel in slow-mo voor my af. Gelukkig het die gasheer ons glase vol gemaak. Uit die staanspoor neem ek 'n groot sluk uit Hardy se glas want ek weet ek gaan my volle kwota nodig hê om uit hierdie verknorsing te kom. Ek wens die sideboard was aan my kant, want dan kon ek sommer self die bottel bydam.

Die sous het 'n unieke smaak. Die kundige sjef sal sê die smaak het 'n hoë umami-telling. Vir my proe dit na vloeibare yster, soortgelyk aan die bloedsmaak in jou mond nadat jy 'n gratis opstopper by die skoolboelie gekry het. As dit nie vir die smaak was nie, sou jy kon sweer dis melasse.

My glas en my bord is leeg voordat ek die noodlottige woorde uiter: "Dit is my heel gunsteling-dis." Ek lek my lippe met groot vertoon af. My vriendin glimlag breed en bring die kaasbord tafel toe. Sy beduie met haar kop dat Claude nog wyn moet skink.

Die jaar gaan vinnig verby en ons word weer genooi vir die jaarlikse afskeidsete by Françoise. Sy laat vroegtydig weet dat sy weer my gunsteling-dis gaan voorberei, maar dié keer met ekstra sous. Spesiaal vir my. Ek probeer al my gewone stokkiesdraaistories, maar nie een wil werk nie. Die datum is reeds drie keer verander.

Ek maak sommer voordat ons ry 'n paar kappe om die verwagte sous by voorbaat op sy plek te sit. Toe die hoofgereg kom, staan my beker sous op die Salton hot tray neffens die bottels wyn. Quel calvaire! (Watter kruisweg!)

Nadat die nagmerriesous afgehandel is, maak ek keel skoon en kom met die hele sak patats na vore.

"Vergewe my vir die wit leun, Françoise, maar ek hou niks van die bloedsous nie. Ek verkies jou heerlike groentepastei, want ek is in elk geval van kleins af 'n closet-vegetariër en oorweeg dit sterk om nou die volle vegan-ding te doen."

Ja, so het ek hier in Boussac kom leer om op te hou spekskiet. Jy weet mos, daai wit leuentjie wat jy kwansuis vertel om te keer dat jy iemand te na kom, maar wat jou dan later in die warm water laat beland.

Van daai dag af skiet of eet ek nooit weer spek nie. Ek leer my les op 'n bloederige manier. Suikerbek is my nuwe naam.

17

Die scenic route

Hardy is die enigste mens wat ek ken wat met die GPS teëpraat. "Is jy bedonderd?" skel hy en ry amper teen die randsteen vas. Ek klou verbete aan my sitplek vas en knyp my oë toe. "Die vrou is stapelgek," sê hy en pluk die elektriese koord wat haar lewe gee uit. "Franse flerrie! Nou ry ek soos my gut sê."

En dit, liewe leser, beteken net een ding: Ons gaan nou die langpad vat, want Hardy het 'n ingeboude "take the scenic route"-program. Hy maak 'n onwettige U-draai.

Ek het hard probeer om hom te oortuig dat hy die vrou se blikstem kan verander na dié van 'n jong klong wat Afrikaans praat. Maar nee, dit wil hy nie doen nie. Hy het die Franse GPS-snol selfs 'n troetelnaam gegee: Jeanne.

"Na Jeanne Moreau?" vra ek.

"Nee," sê hy.

"Jeanne d'Arc?"

"Nee."

"Na wie dan, in hemelsnaam?"

"Jeanne Calment," sê hy en draai sy nek 45 grade om die padteken beter te kan lees.

"Wie de hel is Jeanne Calment?"

"Die oudste vrou nóg in Frankryk. Sy het 122 jaar en 164 dae oud geword." Hardy maak weer 'n U-draai.

195

"Voilà!" gil ek en vat 'n hap aan een van die lekker geelgroen appels uit ons streek. "Dit maak heeltemal sin, jou GPS is ook 122 jaar oud!"

Hardy weier volstrek om sy GPS te laat opdateer. Nuwe afritte word op die snelweë gebou en hele blokke woonhuise word platgeslaan om plek te maak vir inkopiesentrums. Strate word verleng of verkort of om 'n onverwagte sirkel gestuur. G'n wonder dat 'n brug waarna sy geliefde Jeanne verwys op 'n dag ook nie meer bestaan nie. Die brug, of wat daarvan oor is, mag dalk steeds daar wees, maar die pad loop ook net daar dood. Ek het hom al hoeveel keer gesmeek en selfs al by 'n verkeerslig uit die motor geklim uit protes, maar aikôna.

So begin ons ontdekkingsreise, off the beaten track, in pastorale Frankryk. Voordat ek lostrek oor ons ervaringe in die natuurskoon van ons streek, moet ek byvoeg dat ons geweste op 1 Januarie 2016 herdoop is. Die Limousin-streek val nou binne die Nouvelle-Aquitaine, die grootste administratiewe streek in Frankryk wat van die weste tot in die suidweste van die land strek. Die streek is geskep nadat drie streke – Aquitaine, Limousin en Poitou-Charentes – in 2014 saamgevoeg is.

So eindig ons toe eendag op in Collonges-la-Rouge, 'n dorpie in ons streek wat letterlik lyk asof dit onaangeraak uit 'n fabel van Jean de la Fontaine kom. Die dorpie dateer uit die 15de en 16de eeu en is met die vlammende rooi sandsteen van die omgewing gebou. Die rooi kleur is afkomstig van die hoë konsentrasie ysteroksied wat in die plaaslike sandsteen teenwoordig is.

Dit is 'n gloeiende towerwêreld. Net waar jy kyk sien jy torinkies, spitsdakke en brûe wat boog oor die rivier. Ek het nog selde soveel slingerende wingerdstamme op een plek gesien. Dit voel asof die kothuise en imposante herehuise wat skouer aan skouer staan, oorskadu word deur wingerdlote en druipende wit en blou wisteria. Al die oop, breë stoepe en stegies word omhul deur sagte blarekoepels.

Daar is 'n Kodak-oomblik om elke hoek en draai. Op pad na ons restaurant tel ek ten minste 25 torings. Gelukkig het ek my sketsboek saamgebring en ek gaan sit daar en dan aan die voet van 'n eeue-oue wingerdstam, plat op my alie.

Die maaltyd op die koel stoep word ook 'n onvergeetlike gebeurtenis. Ons eet 'n bekende en tradisionele gereg uit die streek, 'n sop met die mooi naam bréjaude. Dis seker eerder 'n potée as 'n sop, want vleis en groente word saam in die gereg gebruik. Hardy se dis bestaan uit 'n robuuste stuk varkrib, met aartappels, rape, wortels en flenters koolblare wat swem in 'n helder, geurige bouillon. Ek kies die groenteweergawe. Splendide!

Saam met die bréjaude word daar 'n mique bedien, iets tussen 'n brood en 'n kluitjie. Ons beleef 'n ware smaakkaperjol daar op die skaduryke stoep.

Wat ek daardie dag ook byleer, is die geskiedenis van die mes in Frankryk. Ek kon nooit verstaan hoekom daar in die ou stelle Franse silwerware altyd lepels en vurke is, maar nie messe nie. Die gawe kelner verduidelik vir ons dat die Franse vroeër elkeen 'n handgemaakte sakmes besit het, wat hulle altyd by hulle gedra het.

As jy dus by die bistro, restaurant of plaaslike kafee kom en 'n smaaklike bréjaude bestel, dan eet jy die sop met die gedekte soplepel en as jy jou stukkie varkvleis, of wat ook al, wil sny, gebruik jy doodgewoon jou eie knipmes. Ná ete vee jy die lem van jou kosbare mes met die servet af en knip dit toe.

Die handgemaakte sakmesse van die Corrèze is wêreldbekend. Op die rug van die getemperde staallem word die kenmerkende simbool aangebring: 'n kastaiingblaartjie. 'n Ander kenmerkende ding uit ons streek is die chabrette. Dis 'n Franse doedelsak wat reeds sedert die Middeleeue geblaas word by elke geleentheid waar meer as drie mense bymekaar is.

Ons is besig om koffie te drink, toe 'n ou dame in tradisionele gewaad in die een hoek van die stoep kom staan met haar chabrette wat soos 'n reuse-kropduif sy bors met trots uitstoot. Ná die eerste paar note kom 'n jong man met 'n trekklavier uit die ander hoek van die stoep aangestap tot by die ou vrou. En mense, is dit iets besonders.

Die hoë, huilende blaasklanke van die chabrette saam met die nostalgiese trekklavier is oorrompelend mooi. Ek wil summier in trane uitbars, maar Hardy beveel my om my reg te ruk. Dit is seker die oordaad okkerneut-likeur wat ek saam met die clafoutis ingeneem het wat my so bewoë stem.

So van likeurs gepraat, ek wil vir alle eerste besoekers aan Frankryk 'n waarskuwing gee. Dit gaan oor iets wat klink na 'n baie lelike woord, maar dis nie die woord wat lelik is nie, dis sy skop wat so seer is. Loop lig vir een van die Franse se geheime wapens: die pousse-café. Dit is 'n geniepsige loopdop wat bestaan uit nie minder nie as vyf verskillende kleure likeurs wat in 'n klein glasie aan 'n niksvermoedende gas voorgesit word.

Die verleidelike reënboogkleurige drankie skop soos 'n muil. As jy so moedig is om 'n tweede een te drink, soos die jongetjies graag wil, sal jy baie vlot Frans begin praat, maar jy sal ook wilde honde hoor blaf. Selfs nadat jy aan die slaap geraak het met 'n sooibrand wat soos 'n veldbrand deur jou lyf trek.

Ons scenic route-ekspedisies neem ons op pastorale slingertogte, ver weg van besige hoofpaaie en snelweë. Dis 'n belewenis wat 'n mens heeltemal van die stad se gemaal laat vergeet.

Dis alles baie rustig en salig totdat jy agter 'n VSP beland, oftewel 'n voiture sans permis, 'n motor sonder 'n permit. Dis 'n kruiwakarretjie wat teen 'n topspoed van 45 km per uur ry en van Franse snelweë verban is.

Enige Jan Rap en sy maat mag een koop – van die skollies wat hulle rybewyse verloor het tot diegene wat nog te jonk is om vir 'n rybewys te kwalifiseer (enigeen wat 14 jaar en ouer is kan 'n VSP ry). Op markdae ry ritse van die speelgoedkarretjies dorp toe. Al wat jy kan doen, is om jou venster af te draai en die vars lug in te adem en te luister hoe Chopin se nokturnes oor die CD-speler jou stadig bekoor en laat bedaar.

In 1982 het die Franse regering 'n vereniging gestig wat die heel mooiste dorpies in Frankryk identifiseer en dan ook finansieel ondersteun. Les Plus Beaux Villages de France beskerm en bevorder die Franse patrimoine. Patrimoine is 'n woord wat baie meer as net die betekenis van die Afrikaanse of Engelse vertaling behels. Dit is nie bloot net 'n erfenis wat aan die individu toevertrou word nie, maar eerder 'n sin van gedeelde erfgoed wat aan 'n gemeenskap toegeken word. Iets wat deur die voorvaders van geslag tot geslag aangegee word. Dit kom van die Latyn patrimonium wat letterlik "van die vader" beteken. Patrimoine is 'n konsep wat die Franse baie na aan die hart lê. Vir baie is dit hulle raison d'être.

Uzerche is 'n geskiedkundige dorpie in Frankryk wat, soos Boussac, sedert die Romeinse tyd bestaan, en daar is 'n bordjie wat trots aan besoekers verklaar dat die dorp nooit oorwin of beset was nie.

Ek stap in die voetspore van
Vincent van Gogh in Saint-Rémy-de-Provence.

By die hekke van Saint-Paul de Mausole,
die inrigting waar Van Gogh behandel is en waar daar
deesdae 'n museum is.

Dis nogal iets om selfs die plundering van die Franse Revolusie te kon vryspring.

Dis 'n pragtige dorp wat in die waai van 'n dramatiese kronkeling in die Vézère-rivier gebou is. Die Engelse skrywer Arthur Young doop Uzerche in 1787 die pêrel van Limousin. En 'n pêrel is die dorp wel. Die nedersetting is op 'n rotsformasie gebou en lê jou soos 'n oerdier uit die hoogte en dophou.

Die Vézère is 'n vertakking van die magtige en 211 km lange Dordogne-rivier. In grotte op die oewer is daar belangrike prehistoriese rotstekeninge en artefakte.

Dis hier in Uzerche in 'n piepklein kafee met 'n krakende houtstoep wat soos 'n vinknes oor die rivier hang, dat ons vir die eerste keer 'n galétous met gulsige happe verorber. Dit is 'n bokwietpannekoek wat jy óf met Limousin-heuning of met grillons geniet. Ek moes kies tussen 'n galétous met miel mûrier du Limousin wat van braambloeisels afkomstig is of 'n ander gunsteling, roosmarynheuning.

Nadat die kelner moed verloor met my, bestel Hardy pannekoek met grillons. Die kelner skryf die bestelling neer met 'n stomp potlood. Hy vra my weer, maar dié keer met rollende oë, of ek al besluit het. Ek bestel toe so ewe parmantig albei.

Grillons is 'n plaaslike patee wat met gesnipperde varkvleis gemaak word wat met eend, gans of varkvet saamgebind word. Dit het 'n ryk en geurige smaak danksy knoffel en kruie. Ek en Hardy lek ons heuning-en-eendvetvingers behaaglik af en vat die soveelste slukkie appelwyn. Die lewe is 'n chanson!

Nóg iets waarvoor Limousin bekend is, is sy neute. Nydige buurmense verwys na ons as die mâcheurs de châtaignes – die kastaiingkouers. Kastaiings is 'n Franse obsessie en word op 'n duisend maniere aangebied. Alles met vere word daarmee gestop. Strope, rome, souse en selfs 'n rapatse likeur word van hierdie vrug gemaak. Ja, dis eintlik 'n vrug en nie 'n neut nie!

Die drie gewildste hoedanighede waarin die eenvoudige kastaiing sy verskyning op die Franse tafel maak is heel geroosterde kastaiings in 'n glasfles, versuikerde vruggies of marrons glacés en laastens die alombeminde kastaiingroom wat sedert die jaar toet in 'n blikkie verhandel word. 'n Mens smeer die room soos botter op brioche of 'n stukkie geroosterde baguette. Of jy meng 'n paar lepels in jou jogurt of jy maak soos ek maak: Gaan sit met die blikkie onder die boom en eet dit met 'n lepeltjie happie vir happie op.

Ek het as stoppelbaardstudent my eerste kastaiing onder die Eiffel-toring geëet. Die lieflike reuk het my gelok na waar 'n ou man kastaiings oor sy konka rooster. Hy het 'n baret en 'n wolserp gedra wat gelyk het of dit deur 'n geliefde vir hom gebrei is.

Ek het 'n koerantpapierhorinkie vol stomende kastaiings gekoop. Dis nogal 'n truuk om hulle met die kaalhand af te dop, maar daardie eerste proesel op my tong sal ek nooit vergeet nie. Iets tussen botter, aartappel, okkerneut en engelasem het my mond oorrompel. Net daar en dan besluit ek toe: Hier gaan ek vir 'n gedeelte van my lewe vertoef. C'est tout (en dis dit).

Op 'n ander keer gooi ons 'n wye draai in Provence om onder meer in Saint-Rémy-de-Provence in Vincent van Gogh se voetspore te gaan loop. Die onse in ons pond is Ton en Anet wat met entoesiasme meedoen. Anet, immer gereed met haar kamera om die odussee vir die nageslag te dokumenteer.

Saint-Rémy is 'n pragtige dorp wat in die hart van die Alpilles-berge geleë is. Die skilderagtige dorp is op een van Europa se oudste argeologiese terreine gebou. Die Romeine het dit Glanum genoem en daar is Griekse en Romeinse ruïnes. Daar is reuse-denne-boomwoude teen die hange van die Alpilles en die cicadas hou tot laatmiddag konsert in die bome. Nostradamus, die 16de eeuse sterrekundige, siener en dokter, is in Saint-Rémy gebore en het verwys na die plek se geweldige magiese kragte.

Vincent van Gogh het vir net meer as 'n jaar in 'n hospitaal buite Saint-Rémy gaan aansterk onder die wakende oog van dok-ter Théophile Peyron. Hier skep hy 150 tekeninge en 143 skilderye. Hierdie werke is van die aangrypendste in sy oeuvre. Aan die begin werk hy net in en om die gestig se tuine en binnehowe, maar soos hy aansterk, waag hy dit deur die olyf- en sipresboorde, die koringlande, die plate irisse en die veldblomme.

Volgens oorlewering het Vincent op een van sy skildertogte op 'n sekere plek deurmekaar begin raak en stemme gehoor wat in Grieks praat. Hy het sy dokter in detail daarvan vertel en die dok-ter moes die verskrikte kunstenaar 'n inspuiting gee om hom kalm te kry.

Toe ons uitgelate groepie daar was, het hulle sopas 'n agora oopgegrawe. Daar was onder meer 'n biblioteek met hoofsaaklik Griekse boeke en perkamentrolle. Was dit die stemme van lank verdwene Grieke wat Vincent op sy wandeling tussen die sipresse gehoor het?

Op daardie trippie het ons nie net oopmond skilderye en plekke besigtig nie, ons het ook gelag dat die cicadas stil word. Die eerste aand oornag ons in 'n grênderige hotel met 'n restaurant en 'n bleek jong sjef wat mense van heinde en verre met sy Mediterreense geregte betower.

Ek is 'n bietjie laat vir die aandete. Hardy, Ton en Anet drink reeds skemerkelkies op die terras, maar ek moet nog gaan stort. Ek hang my nuwe ontwerpershemp van sy oor 'n besonderse lig in die gang. Dit bestaan uit 'n houtarm wat 'n fakkel vashou. Die "vlam" is van gedraaide glas en bedek die gloeilamp. In die stort, vertoef ek lekker lank, tot ek ruik iets brand. Toe die rook onderdeur die badkamerdeur begin borrel, storm ek na buite.

Daar hang my hemp in ligte laaie! Dat daai glasfakkel genoeg hitte kon afgee om my syhemp te laat vlamvat, verbaas my vandag nog. Enkele sekondes daarna breek 'n helse kabaal los toe die watersproeiers uit die dak begin spuit. Ek geniet 'n tweede stort, dié keer yskoud en skynbaar gegeur met Windolene.

Toe gebeur dinge baie vinnig. Daar's 'n geskarrel van personeellede in en om my kamer. Ek maak die deur wat na die tuin lei oop en gaan staan verwese na die smeulende inferno en kyk, nog in my adamsgewaad. Ná 'n rukkie bring 'n spiertier van 'n man vir my 'n klam handdoek om my skaamte te bedek.

Ek is so dankbaar vir die handdoek dat ek voor 'n groeiende groep nuuskierige agies met oordrewe dankbaarheid vir die man sê: "Je suis très contant, je te biser!"

Ek wou grappenderwys sê dat ek so dankbaar is dat ek hom sommer 'n klapsoen kan gee. "Biser" is 'n outydse woord vir soen, maar as jy dit verkeerd uitspreek, beteken dit iets soos om in die hooi te wil rol met iemand. Quelle horreur!

Tierman gee my net een kyk en sê: "Vous êtes bourré, monsieur!" (Jy is gebotter, meneer!)

Praat nou van stank vir dank. Ek wou net my dankbaarheid betoon. "Gebotter" en ek het nie eens 'n enkele doppie in nie.

Later daardie aand, met heelwat Boeings oor ons koppe sit die strepe wit teen die aandhemel. Ek kan maar net wonder waarom soveel van my goedbedoelde pogings om Frans te wees so dikwels in 'n slagveld verander.

18

Louis praat uit die huis uit
(maar net 'n bietjie)

Dié hoofstuk met sy stomende paragrawe oor ons château-gaste se kaskenades het eers op ons prokureur se tafel gaan draai voordat ek die send-knoppie op my sleutelbord kon druk. Om dubbel seker te maak, lees my advokaatvriend ook die lawwe stories deur, net sodat ek nie willens of wetens op iemand se tone trap nie. Of op 'n paar Louboutin-hakskoene met rooi sole nie.

Ons gaste kom van regoor die wêreld en natuurlik ook uit Suid-Afrika. Ons kan stories vertel wat jou hare sal laat regop staan, maar die meeste van daai hair raisers het in die prokureur se snippermandjie beland.

Nog iets wat in die snippermandjie beland het, was 'n paar intieme battery-aangedrewe speelgoed wat die prikkelpop met die rooi sole in die bedkassie agtergelaat het. Haar Skandinawiese metgesel met sy hoë stemmetjie het weke ná hulle vertrek per e-pos gevra of hulle nie dalk van hulle "sporttoerusting" in hul kamer agtergelaat het nie. Ons het laat weet dat die kamermeisie die hele kaboedel saam met die leë inkopiesakke op die ashoop gegooi het. Nooit weer van hulle gehoor nie.

Daar is wel darem een of twee stories wat die prokureur gesê het ek maar mag deel.

Een aand moes ons ons gaste ná ete vir 'n paar uur op hul eie laat om 'n funksie in die stadshuis by te woon. Ons het genoeg sjampanje en ander drinkgoed vir hulle vermaak uitgesit. Toe ons by ons terugkeer by die trappies opstap, kan ons reeds die rumoer in die musiekkamer hoor. Dit klink na 'n ramparty, alhoewel daar net 'n groep dames uit die Boland daar bly. Ons wil eers verby sluip na die kalmte van ons woonstel in die dak, toe dit skielik stil word.

Hardy kyk vir my en ek kyk grootoog terug na hom. Hy draai die goue deurknoppe versigtig oop.

Dit lyk soos 'n toneel op die Lido de Paris se verhoog. Op die klavier, met haar mooi bene in die lug, lê daar 'n showgirl met net 'n silwer jakkalspels aan. Haar enkels is grasieus gekruis, met 'n paar blinkleer hakskoene aan haar petite voetjies, soos Marilyn Monroe. Die ander gaste fuif heerlik saam en knip nie 'n oog oor hul metgesel se gebrek aan inhibisie nie.

In die een hoek van die salon dans 'n man op sy eie met 'n denkbeeldige partner in sy uitgestrekte arms. Met net sy baadjie en 'n broek aan. Wat van sy hemp geword het, weet nugter alleen. 'n Paartjie wat steeds deur 'n ring getrek kan word, dans langarm die gang af, terwyl 'n ooglopend beskonke jong man 'n onderstebo CD in die reeds spelende CD-speler probeer druk.

Hardy het doodluiters nog 'n bottel sjampanje oopgemaak en die pragtige dame het, sonder om 'n wenkbrou te lig, haar jas om haar naaktheid gewikkel en die glas goue borrels by Hardy gevat. Pourquoi pas? (Hoekom dan nie?)

Die tematoere wat ons by La Creuzette aanbied, kry groot aftrek. Een van ons geliefde gaste was al vyf keer by La Creuzette, elke keer op 'n ander toer. Tydens een van ons gewilde tuintoere vroeg in die jaar ontmoet ons 'n uitsonderlike dame of a certain age. Sy is 'n bekoorlike vrou wat ons almal saans om die etenstafel aan haar lippe laat hang met haar kleurryke stories.

Sy is 'n tuinontwerper van faam en reis baie met al haar projekte. Haar man is 'n afgetrede rekenmeester wat op bestelling keramiekpotte maak op hulle plotjie in die Klein-Karoo.

Op dag drie besoek ons groep die tuine van Notre-Dame d'Orsan so 'n entjie van Boussac af. Terwyl Hardy die bussie parkeer, lui die dame se telefoon. "Ag, nee wat, niks dringends nie. Dit kan wag."

Sy druk die foon dood en wil dit net in haar handsak terugsit toe dit weer lui. Dit gebeur 'n hele paar keer totdat sy uiteindelik antwoord. "Ja," sê sy kwaai. "Ek is by die huis, ek werk in die tuin." Sy trek haar rug regop en haar oë is nou so groot soos lemoene. "Oukei, oukei, ek bel later terug. Baai ..."

Dit is wat gebeur het: Die dame was nie lus om haar man op die tuintoer saam te bring nie en bedink toe die vernuftige plan. Sy het namens 'n denkbeeldige kliënt ses massiewe keramiekpotte by haar man bestel (en daarvoor betaal). Dit sou hom ongeveer dieselfde hoeveelheid tyd neem om dit te maak as wat ons tuintoer sou duur. Give or take 'n dag of twee.

Manlief vat toe glimlaggend die lang pad Klein-Karoo toe, baie tevrede oor hy so goed doen met sy potte. Hy was glo besig met sy tweede pot toe sy elektriese pottebakkerswiel begin rook blaas en die gees gee. Dit het skynbaar ook die krag in hulle kothuisie uitgeskop.

Hy laai toe maar die stukkende apparaat in sy voertuig en vat die lang pad terug Kaap toe om dit te laat regmaak. Voordat hy

Bo en oorkant bo: My dakateljee by La Creuzette
en van die gaste wat kunslesse by my kom neem het.

⸎

Oorkant onder: Riana Scheepers (vierde van regs)
laat ons skryf en dig saam met Amore Bekker (agter, derde
van links), Elmari Rautenbach (derde van regs),
Keina Swart (heel regs) en ander talentvolles.

Gaste kan ook kooklesse by La Creuzette neem. Hier word daar hard gekonsentreer terwyl ons in die somerkombuis kook.

die pottebakkerswiel by die fabriek gaan aflaai, besluit hy om net gou by die huis deur die stort spring.

"Waar is mevrou?" vra hy die tuinman. Die man trap so 'n paar keer rond en klem sy hande bymekaar.

"Sy is weg."

"Hoe bedoel jy, weg?"

"Weg, oorsee."

Dit het mooipraat gekos om die dame se man se gemoed te kalmeer. Ek moes praat en Hardy moes praat. Ten einde laaste het hy toegee dat dit 'n snaakse storie is en sy laaste woorde aan my was "sy kon my darem net gesê het".

Die aand om die tafel moes ek vir 'n rukkie oorvat met die storievertellery. Teen die tyd wat die nagereg en muscat tafel toe gekom het, was onse tuinontwerper egter weer op haar stukke. Ons besluit net daar om haar man te bel met haar iPhone op speaker. Daar lag ons toe al te lekker saam op twee kontinente.

As my ateljee kon praat, sou daar seker ook 'n paar interessante stories uitkom. Daar het al 'n paar eienaardige dinge gebeur. Ek vermoed dis omdat mense meegevoer raak deur die oorvloed skeppende energie.

Op een van die tematoere is die groep besig om 'n onstuimige bos baardirisse te verf. Almal is besig om hulle voorsketse te maak, maar ek sien die een vrou se rug is op die stillewe gedraai en sy verf reeds verwoed. Almal kry voorskote maar sy wil nie haar mooi wit baadjie uittrek nie.

"Dis hoe ek altyd verf, netjies en net reg om uit te gaan," sê sy. Die esels is op wiele sodat jy jou werk na alle kante toe kan draai.

Ek stap nader en draai haar esel so ewe hulpvaardig in die regte rigting. "Bring nou jou stoel na dié kant toe dan kan jy lekker sit en verf en terselfdertyd die stillewe in die oog hou," sê ek.

Sy kyk my aan asof ek iets onwelvoegliks kwytgeraak het. Haar bril is vol grys verf. "By die huis werk ek anders om."

Ek sê niks oor die swart en grys hale op haar doek nie. Die irisse is immers pers en blou, maar ek wil nie aan die begin te veel inmeng nie, dalk het ons 'n ontluikende Picasso op hande.

Aan die eenkant van die ateljee is 'n lang tafel waarop al die gereedskap en verf wat die studente mag nodig kry, uitgepak is. Die vrou is kort-kort daar en ek gaan stel ondersoek in. Sy druk omtrent 'n half koppie wit verf uit die groot buis en was op pad om dieselfde met die swart buis doen.

"Nee wêreld," sê ek. "Jy kan die ateljee twee keer uitverf met die verf wat jy hier uitgedruk het. Jy het genoeg verf op jou palet vir vier skilderye. Gebruik nou eers hierdie op, asseblief."

Sy kyk my aan deur 'n bril wat teen hierdie tyd amper heeltemal toe is onder die grys vingermerke. Sy draai haar esel weer weg van die stillewe en stamp in die proses haar buur-skilder se palet van die tafel af.

Sonder om iets te sê gaan sit sy weer met haar rug na die stillewe en begin te verf.

Teen teetyd stoot almal altyd hul esels in 'n sirkel met die skilderye wat na binne wys. Dan gesels ons oor die skilders se vordering en bespreek enige probleme wat hulle tydens die skilderproses ondervind het. Almal se esels, behalwe hare, is reg gedraai.

"Draai asseblief jou esel om," vra ek.

Nadat sy haar stoel omstamp, val haar bril af. Sy gaan staan met haar wit baadjie se rug teen haar nat skildery. Toe sy wegstaan van haar werk, proes een van die studente luidkeels agter my.

Dis definitief nie irisse of enige blomsoort nie, maar 'n groteske mansfiguur met oordrewe anatomiese detail. In swart en wit. En grys. En dis nié deur 'n ontluikende Picasso geskilder nie.

"Dis wat ek sien," sê sy sonder om 'n oog te knip.

"Kom laat ek jou bril skoonkry met terpentyn," sê ek sag.

"Thanks," sê sy en draai om na die venster se kant, 'n duplikaat van haar skildery soos 'n tatoe op haar baadjie se rugkant.

Op een van die eerste kostoere saam met ons sjefvriendin van Groenpunt, kom daar 'n baie spesiale groep vroue uit die Boland by La Creuzette aan. Hulle is so tien stuks, die een so mooi soos die ander. Amper almal is wynboere se vroue, so hulle ken die verskil tussen 'n Chenin en 'n Chardonnay en tussen 'n Mourvèdre en 'n Petit Verdot.

"Ons handremme is los," sê een van die vroue die dag van hulle aankoms. "Ons mans is nie in die omtrek nie, so, ons wil 'n bietjie sports maak."

Ek kyk na Hardy vir ondersteuning, maar hy skink reeds die eerste glasie sjampanje. "Hoppa!" sit die dame met die sonbril in.

"Hoppa," sê ek versigtig en vat 'n groot sluk uit my glas.

Om 'n baie lang storie kort te maak, vir die grootste deel van daardie toer het ons gerol van die lag. Die grappe en staaltjies het soos wyn gevloei.

Op 'n onverwagse grou en reënerige Sondagoggend moet die groep dames douvoordag opstaan om 'n groot brocante in 'n naburige streek te besoek. Ek besluit om 'n bietjie in te lê die oggend.

Later dek ek die tafel in die somerkombuis volgens 'n lekker tong-in-die-kiestema. Ek pak al my ongebruikte brocante-vondse op 'n helderkleurige damastafeldoek uit.

Tussen al die kaggelkakkies is 'n surprise element – 'n opge-stopte klein jakkalsie wat een van ons gaste by 'n brocante gekoop het en wat sy saam met 'n wildevarkkop in ons stoorkamer agtergelaat het. Haar moed en durf het haar begeef om die spul motgevrete diere saam met haar Louis Vuitton-bagasie by die Air France-toonbank in te weeg.

Laatmiddag maak die son weer sy verskyning. Dit is heerlik warm en knus in die stoepkamer langs die somerkombuis. Ek ver-wag die gaste eers oor 'n uur of wat en Hardy gee my altyd 'n missed call sodat ek darem my kuif kan kam. Ek strek my op die chaise longue uit en sluit my oë net 'n paar oomblikke. Ek gaap 'n gaap soos nooit tevore nie en dryf doodtevrede in die songloed tot in droomland.

Ek skrik eensklaps wakker met die angswekkende klanke van 'n jakkals wat tjank en wolwe wat huil. Vir 'n oomblik dink ek dis die ding op die tafel wat weer lewe kry. Toe sien ek hulle om die koffietafel staan. Tien vroue in harige pelsjasse. Daar is rooikat, silwerjakkals, nerts, vlakhaas, angora, alpakka, wasbeer, chinchilla, bewer en iets wat lyk soos straatkat.

By die brocante het 'n bekende tweedehandse pelsenier 'n uit-verkoping gehou. Hardy vertel dat ons bibberende gaste nie veel oortuiging nodig gehad het nie en elkeen het daar en dan 'n pels-jas aangeskaf.

Dit gaan jolig om die tafel daai aand. Pelse word geruil en ons lag en skater totdat een van die vroue onbeheers in haar nek begin krap dat die rooi hale later wys. Ons stel ondersoek in, maar dis eers toe ek my bril opsit dat ek die klein goggatjies raaksien.

Die volgende oomblik bars pandemonium los om die tafel. Ek het nog nooit in my lewe so 'n vinnige ontkleedans gadegeslaan nie. Soos die pelse deur die lug vlieg, gooi ons die glase vol Malbec in ons kele af en skree in een stem, "Hoppa!"

Die pelse het, soos die wildevark en die stomme jakkalsie, op die boonste rakke in La Creuzette se stoorkamer beland. Hardy het reeds 'n herfs of drie gelede die meeste van die pelse op 'n takvuur uitgebrand. Ek vermoed dat die oorblywende diere kort voor lank dieselfde paadjie gaan volg.

19

Die vyfde seisoen

Tussen September se nagewening en Desember se sonkeerpunt sit Autumnus soos 'n lewegewende goue kol op die kalender. Dis oestyd, snoeityd en dan ook jagtyd.

Die somer is verby. Dit ruik soet en rokerig – blare en snoeisels wat brand. Daar is takvure in elke tuin. Oor naweke sien jy ook die jagters in volle mondering aanstaltes maak. Af en toe klap 'n geweerskoot.

Oktobermaand. Dit bly die mooiste maand. Hier en vir seker ook in die Suiderland waar dit lente word. Boerneef verwoord die seisoen met soveel gevoel: Die najaar is nou op sy herfsste.

Om met ope arms onder die massiewe plataanbome te staan met die blare wat saggies val, is 'n onwerklike belewenis. Non-pareil. Dis soos om in 'n sneeustolp te staan: betowerend en momenteel afgesluit van die wêreld. Jy is vasgevang in 'n oker oomblik – dit brand van kleur.

Afgesien van die gehoede jagters wat met Armagnac-asems bokkies en wilde varke jag, is daar diegene met mandjies wat deur die woude sluip op soek na sappige sampioene. Die ou mense vertel graag met 'n vonkel in die oog dat daar twee maniere is om van 'n ongewensde gade ontslae te raak: vir die manlike geslag is dit 'n skietongeluk en vir die evasgeslag is dit sampioenvergiftiging. Vir elke smaaklike sampioen is daar 'n dodelike dubbelganger.

Nadat twee fietsryers en 'n ou dame op haar stoep in aparte voorvalle in skietongelukke tydens die jagseisoen dood is, het die Franse president 'n besorgde en dringende versoek gerig: Mense moet verkieslik nie tydens die jagseisoen op stoepe luier nie en fietsry is 'n gevaarlike sport wat dadelik stopgesit moet word. Onlangs het 'n vrou in 'n woud sampioene versamel toe 'n skoot klap. Die jagter verantwoordelik vir die stomme vrou se heengaan was nogal 'n oudpolisieman met 'n jaglisensie wat verval het. In die herfs word Frankryk die kruispad vir honderde soorte migrerende voëls. Die hemele wemel met letterlik duisende kwetterende voëls. Stel jou voor, 3 000 swaeltjies wat in laat Oktober in die bome kom oornag. Die geluid is onbeskryflik. Magies. Die gesnater is een ding, maar die geluid wat die magdom vlerkies maak is iets tussen 'n suiswind deur die blare en iets skerpers, soos papier wat frommel.

Ek hardloop dadelik buitentoe wanneer ek die onmiskenbare groe-groe-groe-roep van die kraanvoëls hoor. My gemoed loop oor elke keer wanneer ek die skouspel gadeslaan. Op daardie oomblik vereenselwig ek my volledig met die natuur en die diereryk. Ek kan verstaan hoekom daar mense is wat kampvegters vir diereregte is.

Die Europese grys kraanvoëls was op 'n kol bedreig, omdat soveel van hulle habitat vir sowel die broeiseisoen as die oorwinteringstydperk deur bouprojekte en ander narighede versteur is of verdwyn het. Om nie van die afgryse van dodelike gifstowwe te praat nie.

Nietemin, die grasieuse trekvoëls kom rus in Frankryk tydens hul herfsmigrasie na die Rhône-delta in die Camargue, Spanje en

Noord-Afrika. Die Latynse naam vir die kraanvoëls, *Grus grus*, klink besonder baie soos hul onophoudelike geroep terwyl hulle vlieg. Die Franse noem hulle gris gris (grys grys) 'n naam wat hul roepklank nog beter naboots. Hulle is uitspattig luid en sosiaal tydens die duisende myle lange vlug.

Die V-formasie waarin hulle vlieg is besonder aanskoulik. Daar is altyd 'n leier aan die voorpunt, wat elke dan en wan deur 'n ander een uit die span vervang word. Oë gerig op die oop horison – daar ver voor skyn die somerson.

Wanneer dit winter word in die Noordelike Halfrond en die somer sy verskyning maak in die Suide, doen ons wat die grys kraanvoëls doen: ons trek agter die son aan. Noem dit instink, noem dit lekkerbekkigheid. Hardy wil snoek braai en ek wil kyk hoe my spekboompies teen die duin by ons huis aan die Weskus vorder.

Ek en Hardy is al twee versot op die bleek, afgesonderde Weskus. Ons huur al jare lank vakansiehuise daar, maar kom dikwels terug na 'n spesifieke huis in 'n private natuurreservaat wat op 'n skiereiland net verby Britanniabaai geleë is. As jy kuslangs loop, is Paternoster sowat 20 km verder.

Die eertydse eienaars van die reservaat het 'n paar erwe uitgehou vir familie wat nog daar wou bou. Die heel mooiste erf het behoort aan die skoonseun wie se huis ons so dikwels huur. Ons het al dikwels op die erf gaan staan, want dit is amper op die spits van die skiereiland met 'n panoramiese uitsig wat jou asem wegslaan.

Van daar sien jy drie stroke see, St. Helenabaai, Kaloenie se Baai vlak voor die huis en Britanniabaai. Hier kom die son op en gaan dit onder oor dieselfde horison. Gaan slaan dit maar na, dis die waarheid! Dis 'n paradyslike plek. Toe die erf op 'n dag in die mark kom, koop ons dit dadelik, al wou ons nie regtig weer eiendom in Suid Afrika besit nie. Less is more, het my ma altyd gesê. Dit neem ons 'n jaar om op die ontwerp van die huis te besluit. Nadat dit uiteindelik gebou is, besluit ons om met die inrigting iets van Frankryk in te bring, sodat ons nie te veel verlang wanneer ons hier is nie. Daar is die reuse-kristalkandelaar wat bo die eetkamertafel hang en 'n wandtapyt wat geweef is gedurende die dekade waarin Jan van Riebeeck in Suid-Afrika aan wal gestap het. Dis ook 'n huis vol lig, maar dis die antitese van La Creuzette. Die seehuis is modern en oop. Ek verf die binneruimtes dieselfde kleur rooktopaas as La Creuzette s'n. Die naam van die kleur – karma – stel ook my sin vir die digterlike tevrede.

Dit voel of ons lewens in perfekte ewewig is. As ons in Suid-Afrika is, is ons hart en siel daar en as ons in Frankryk is, is ons hart en siel daar. Die mees onlangse oppak in Frankryk was vir my moeilik. Ek het aan dié boek geskryf en was terselfdertyd besig om 'n reeks woudtonele in my ateljee te verf. Die vertrekdatum was te vinnig op my en ek word 'n knorrige reisiger wat heeltyd oor sy skouer kyk na sy geliefde Franse woning wat al kleiner op die horison word.

Ons kom laatmiddag op die Weskus aan. My gemoed is steeds swaar en ek soek fout met alles om my. Hardy rol die blindings oop en ons stoot die wegvoudeur met die uitsig oor Kaloenie se Baai heeltemal oop. Op die akwamarynhorison blaas 'n groot skool walvisse. My hart versag. Ek is tuis.

Ons staan met ons voete stewig geanker op twee kontinente – Afrika en Europa. Twee liefdes, twee tuistes.

Ons het 'n paar jaar gelede besluit om vir Franse burgerskap aansoek te doen. Daar was verskeie redes daarvoor. Een was omdat dit die rompslomp en kompleksiteit om inkomstebelasting en ander Franse belastings sou vergemaklik. Dis is alombekend dat die Franse burokrasie se liefde vir papierwerk – in triplikaat – onoortreflik is. Hulle stelsel is blykbaar die ingewikkeldste ter wêreld.

Ek het 'n renons in dik stapels vorms in 9 punt Helvetica wat voor jou ingeskuif word. In Frans. Gelukkig het Hardy 'n koel kop. Hy gee 'n diep sug en takel dan die liglose taak reëltjie vir reëltjie. Ek kyk maar net deur die staatskantoor se geslote venster hoe die herfsblare val.

Les fonctionnaires, die kolos van 'n staatsamptenary, is 'n ras op hul eie wat elke letter van die wet aanbid. En elkeen in die kantoor het 'n ander storie. As jy dit eers kan aanvaar en hanteer, is jou kop deur. Dan is jy amper Frans. Soos ons.

Nadat ons die 30 stuks nodige dokumente vir ons burgerskapaansoek opgespoor en laat uitreik het, is ek amper reg om handdoek in te gooi. Om my ouers se geboortesertifikate op te spoor, die oorspronklikes nogal, was nou regtig 'n uitdaging. Hierin skuil 'n volwaardige kortverhaal.

Ons moet boonop al die pampiere deur 'n amptelike vertaler laat vertaal. Die hele petalje duur 18 maande en net voor die klok twaalfuur slaan en my lewe in 'n pampoen verander, word ons dossier uiteindelik goedgekeur. Ons laaste stap is 'n onderhoud met die hoogste staatsamptenaar in die streek.

Ek laat my hare sny en poets my skoene totdat ek die Eiffel-toring daarin kan sien weerkaats. Teen daeraad kry ons koers na Guéret, die hoofstad van die Limousin-streek. Die trippie herinner my aan my kinderjare en ons jaarlikse uittog Durban toe in die Julievakansie. My kuif netjies uit my oë geBrylcreem. Al wat ontbreek, is Ma se mandjie padkos. Ons is natuurlik 'n uur of wat te vroeg. Ons gaan sit in die park op 'n klam bankie en kyk na die eekhorings en fonctionnaires wat oor die parkie se geplaveide paadjie skarrel.

Op die gegewe minuut staan ons egter in die hoëkop se vaal ontvangsvertrek. Ek weet ontvangskamers in staatsdepartemente in enige land is gewoonlik onaantreklik, maar vaderland, ons is darem nou in die land van Dior en Art Deco.

'n Kleurlose sekretaresse teken ons teenwoordigheid in 'n massiewe rooi lêer aan. Met 'n vulpen, nogal, wat sy versigtig toeskroef nadat sy met 'n diep frons my lang, moeilike van twee keer moes uitskryf. Sy het 'n outydse beehive-haarstyl en lyk moeg en de moer in.

Ons sit langs mekaar op 'n bankie oorgetrek met geel kunsleer wat kraak wanneer ons beweeg. Ek vee die parkie se stof eers met die een voet van een blink skoen af, dan die ander, terwyl ek vir Hardy herinner dat hy belowe het om al die moeilike vrae met syfers en datums hardop in Afrikaans te herhaal asof hy prewelend peins.

Mense het ons gewaarsku dat hulle jou gaan peper met geskiedkundige datums en moeilike politieke aangeleenthede. Liberté, égalité, fraternité en al daai dinge. Die moerige ontvangsdame kondig aan dat die uur aangebreek het. Ek en Hardy is soos blits by die donker deur aan die einde van die ellendige vertrek.

"Non, non!" skree die beehive, haar lippe dun getrek soos 'n skuifspeld. "Un à la fois, s'il vous plaît!" (Slegs een op 'n slag, asseblief!)

Krisis, nou sal ek op my eie moet regkom. Ek druk Hardy uit die pad en ruk die deur oop. Dis nou of nooit.

Daar sit 'n madame agter 'n indrukwekkende lessenaar. Twee telefone. 'n Swarte en 'n rooie. Ek dink onwillekeurig aan James Bond in M se kantoor. Agter die madame is twee landsvlae baie dramaties gedrapeer, iets wat 'n sweempie nasionale kunssinnigheid verklap. Ek gaan sit op die punt van die aangewese stoel. My keel is soos die Kalahari-woestyn.

Haar Franse ontwerpersbril maak haar strak gesig amper mooi. Sy sukkel om my van oor haar lippe te kry. Sy sluklag 'n keer en glimlag toegeeflik na my kant toe. "Vous êtes un artiste?" (Jy is 'n kunstenaar?) vra sy, nou weer ten volle in beheer.

My oupa het gesê dat 'n mens altyd eerste moet vuur. Haar woorde is nog nie koud nie, toe trek ek los met 'n mooi sarsie woorde oor my gunsteling- Franse skilders en museums. Sodra sy mik om 'n woord in te kry, gaan ek onverpoosd voort met my uitgebreide liefdesode aan Parys en ons vrugbare Limousin-streek.

Madame probeer my nog so een of twee keer in die rede te val, maar ek foeter voort. Ek praat oor die Franse sangers en hulle mooi liedjies. Ek spreek hulle name kundig en genuanseerd uit: Charles Aznavour, Mireille Mathieu en Hélène Ségara. Toe ek oor Brigitte Bardot begin uitwei, hou sy haar hand in die lug. Haar naels is so rooi soos granate.

"Jy is oënskynlik 'n gekultiveerde mens," sê sy en kyk op haar horlosie. Ek leun terug in my stoel en proe die oorwinning in my mond, wat nie meer droog is nie. Al die geklets het die woestyn in 'n oase verander. Ek leun terug in my stoel asof ek in die bioskoop is.

Hardy kyk my vraend aan toe ek by hom verbyloop. Ek glimlag vrolik: "C'est du tout cuit," (it was a piece of cake) fluister ek dapper. Na 'n baie lang tyd kom Hardy by die donker deur uit, hy lyk stokflou. Tydens sy onderhoud het die madame sorgvuldig deur haar vooropgestelde vraelys gewerk. Vraag op vraag. Van Louis XIV tot by president Sarcozy. Datums, syfers en dergelike dinge moes hy oor praat. Hy bly amper tot by die huis stil.

"Ons is amper Frans," verbreek hy uiteindelik die stilte en gee my 'n high five, terwyl hy die kar amper van die pad af laat loop.

Jou burgerskap word op 'n spesiale glansgeleentheid in die stadshuis deur 'n trop hoëholle aan jou oorhandig. Die dorp se burgemeester moet die inhuldiging ook in sy kleurvolle regalia bywoon. Watse skouspel is dit nie.

Gedas en gepak en met ons kuiwe weereens mooi teruggekam staan ons saam met ons Franse vriend en burgemeester op die wenteltrappe van die mairie. Met sy tricolore-skouerlint aan skud hy ewe trots sy nuwe medeburgers se hande, terwyl die orkes die "La Marseillaise" speel. Ons kom almal op aandag. Daar is 'n knop in my keel en my oë brand. So word ons toe in 2010 Fransmanne.

Maar as die dae bleek word om die kiewe en die kwik tot onder vriespunt daal, maak ons die hortjies van die huis dig en sluit die groot ysterhekke vir 'n wyle. Met die val van die eerste sneeuvlokkies maak ons soos die trekvoëls. Ons verkas vir 'n paar maande na die suide. Weskus toe. Vir ons vyfde seisoen. Waar ek anders asemhaal.

20

J'ai deux amours, mon pays et Paris

i

15 April 2019

Dis 20 minute oor ses op 'n kobaltblou lentenamiddag in April en
ek staan op een van my gunsteling-brûe in Parys – die Pont Neuf,
die oudste brug in die stad. In die ou dae was die sypaadjies prop-
vol stalletjies en kioske wat alles van helderkleurige linte tot messe
verkoop. Daar was ook waarsegsters en tandetrekkers wat jou vir
'n fooitjie van jou pyn of weemoed kon verlos.

Ek hou besonder baie van brûe. Dis seker oor my pa my as jong
kind op sy skouers oor die hangbrug by die Victoria-waterval
gedra het. 'n Brug verteenwoordig 'n avontuur. Lees maar net 'n
bietjie op oor die ongelooflike lewende brûe van Cherrapunji in
Indië wat al oor die 500 jaar oud is. Dis suiwer vreugde om buite
Boussac op die bruggie te staan wat oor die Petit Creuse span en
jou gedagtes in die water te week.

Die 29 brûe wat grasieus oor die Seine in Parys span, bied
29 meditasie-oomblikke. Ek kyk in die rigting van die naburige
brug, die meer moderne Pont des Arts. Aan die linkerkant is die
indrukwekkende Institut de France met sy voortreflike koepel
en vergulde versierings. Aan my regterkant is die Louvre met sy
verstommende versameling kunsskatte.

Soos jou blik die Seine volg, sien jy die Eiffel-toring op die horison, die kontrasterende moderne argitektuur van La Défense en die Arc de Triomphe aan die bopunt van die Champs-Élysées. Dis vir my 'n kosbare plek dié. Hier het ek as student staan en droom, as arm kunstenaar lafenis gesoek en deesdae is dit vir my soos 'n tuiskoms wanneer ek van die brug oor Parys tuur.

Die blou hemel is deurkruis met stralerstrepe net om my daaraan te herinner dat Parys 'n wêreldstad is. Wanneer ek omdraai en na die oorkantse sypaadjie loop, sien ek hoe die Seine verdeel om die twee eilande, Île de la Cité en die Île Saint Louis, te vorm. Die woord beeldskoon is amper ontoereikend vir hierdie tafereel.

Die Conciergerie met sy grys spitstorings, waar Marie-Antoinette gedurende die revolusie 'n tyd lank gevange gehou is, is op die regterkant afgeteken, met die torings van die Notre-Dame-katedraal duidelik sigbaar. Die laaste mis van die dag is amper verby.

Dan gaan 'n brandalarm in die dak van die kerk af. Die orrelmusiek word gestaak en oorstelpte aanbidders en toeriste word vinnig by die deure uitgeboender. Iemand gaan stel ondersoek in, maar word niks wys in die antieke houtsolder nie. 'n Tweede alarm gaan 25 minute later af. Die swaar houtvoordeure van die statige katedraal is reeds toegemaak en die ruimte leeg, afgesien van beamptes wat rondskarrel.

Die antieke houttraliewerk van die dak word die woud genoem. Nou brand dit soos 'n woud sou brand. Die droë houtbalke en raamwerk wat uit die 12de en 13de eeu dateer, verkool soos papier in die vlamme.

Mense staan oorstelp op die oewer van die Seine en kyk. Selfoonkameras blits en flits in die skemerte. Daar is 'n geniepsige wind wat waai. 'n Jong vrou val op haar knieë, haar hande in gebed voor haar bors gesluit. Êrens huil iemand hardop. Brandweermanne pomp strale water uit die rivier. Die ikoniese polichroomhouttoring brand soos 'n reuse- Middeleeuse kers. Daar is iets apokalipties aan die toneel.

Dan knak die 91 meter hoë toringspits met 'n geweldige slag en val deur die rook en roet dwarsdeur die plafon tot in die gloeiende naaf van die klipkatedraal. Vonke sprokkel soos konfetti uit die hemel. Langs die kaai is daar 'n kronkelende ry brandweermanne, amptenare en ander helpers wat handgee om van die belangrikste skatte uit die kerk te dra.

'n Ketting mensehande gee die heilige relikwieë van hand tot hand aan tot by die wagtende polisiewaens wat hul blou ligte soos stralekranse flits. Die heilige doringkroon word ten aanskoue van die skare mense op 'n voukatel uitgedra. 'n Dawerende applous breek spontaan los. Dit word 'n Bybelse son et lumière-vertoning.

Die Notre-Dame is 'n Gotiese wonderwerk wat al amper 800 jaar lank oor Parys en sy mense waak. Bouwerk aan die katedraal het in 1163 begin toe pous Alexander III die eerste hoeksteen gelê het. Die katedraal is eers in 1345 met 'n groot fanfare ingewy. Die Notre-Dame was nooit eintlik die gunsteling van die koningshuis nie. Die Reims-katedraal en die basilika van Saint Denis het daardie eer gekry. Dit was eerder 'n katedraal vir die gewone mense.

Oor die eeue het die Notre-Dame baie agteruit gegaan, veral ná die grootskaalse plundery tydens die Franse Revolusie. In 1831 publiseer Victor Hugo sy roman, vertaal as *The Hunchback of Notre Dame*, wat mense se harte aangryp en danksy die hoofkarakters

Quasimodo en Esmeralda weer die fokus op die kerk plaas. 'n Groot-skaalse restourasieprojek onder leiding van die befaamde argitek Viollet-le-Duc word geloods. 'n Paar jaar gelede is 'n musiekspel, *Notre Dame de Paris*, wat losweg op Hugo se roman baseer is, weer opgevoer. Dit was 'n wegholsukses.

Dis nie moontlik om van die Notre-Dame en Quasimodo te praat sonder om aan die legendariese klokke van die katedraal aandag te skenk nie. Daar was altyd tien koperklokke, waarvan sommige gedurende die revolusie gesmelt is om kanonne te maak. Genadiglik het die grootse een, wat bourdon Emmanuel genoem word, ongeskonde gebly omdat dit 13 ton weeg.

In 1856 is vier hoofklokke in gebruik geneem wat sedertdien elke 15 minute lui. Hulle het die einde van die Eerste Wêreldoorlog aangekondig en ook die bevryding van Parys in 1944. Die vier klokke is deel van die atmosfeer van Parys en het elkeen sy eie naam; Angélique-Françoise, Antoinette-Charlotte, Hyacinthe-Jeanne en Denise-David.

In 1999 was daar sprake dat hierdie geliefde inwoners van die katedraaltorings vervang sou word met nuwes, wat glo sou kon beier soos die oorspronklike 17de-eeuse klokke. Die aankondiging het 'n gedoente in Parys veroorsaak. Baie Parysenaars het gevoel dat die 19de-eeuse klokke deel is van Parys se letterkundige geskiedenis, nes Hugo se befaamde boggelrug-klokluier.

Nou is die klokke stil. Hoe lank die stilte gaan duur weet geen mens nie, maar daar is talle avant garde-planne vir 'n nuwe dak-struktuur en toring op die voorste argitekte se tekentafels. Dona-sies vir die restourasie stroom van regoor die wêreld in. Die Franse president het belowe dat die mense se geliefde Notre-Dame so spoedig moontlik in 'n nuwe gedaante aan sy mense teruggegee sal word.

Die beeldskone roosvenster het genadiglik die vlamme oorleef. Wat my diep geroer het, is dat drie van die historiese byekorwe in die dak oorleef het. Dit was voorbladnuus dat die bye steeds daar is en heuning maak. Die lewe gaan voort.

Op 'n ligter trant, maar steeds gedagtig aan die wonderlike roosvenster van die Notre-Dame de Paris, wil ek 'n staaltjie uit die vroeë tagtigerjare vertel – 1980 om presies te wees. Dis Oukers-aand in Parys. Dit het vroeër die oggend gesneeu en die stad lyk soos 'n handgeverfde Kerskaartjie. Ek is effens melankolies want ek is dié keer alleen in Parys. Nie dat 'n mens ooit in Parys alleen kan wees nie, maar dis Krismis en ek is ver van die huis.

Vroue dra jakkalspelse teen die ergste byt van die winter. Ek ruik die soet geur van kaneel en die harsreuk van afgekapte denne-bome. Kinderhandjies in wolhandskoentjies gryp na blink goeters in die mooi verligte winkelvensters. Ek loop oor die brug na die Saint-Louis-eiland, want ek wil in die katedraal gaan sit. Daar in die skemerdonker kan 'n mens tot besinning kom, want ek het gewigtige besluite om te neem.

Daar is 'n helse skare op die plein voor die kerk. Die indrukwek-kende plein is deur Georges-Eugène Haussmann ontwerp juis so-dat die Parysenaars voor hulle geliefde kerk kon vergader. Ek klim op die brugreling en hou myself regop deur aan 'n lamppaal te hang. Oor die mense se koppe sien ek 'n ligstraal binne die kate-draal aangaan wat deur die gekleurde roosvenster skyn en die skare in 'n gekleurde akwarel omvou. Musiek begin speel. Joan Baez sing: "How many roads must a man walk down..."

ii

"J'ai deux amours, mon pays et Paris" is 'n liedjie wat praat van twee liefdes, dié vir jou land en dié vir Parys. Ek het egter nie deux amours (twee geliefdes) nie, maar trois (drie) – die Weskus, Frankryk én Parys! Om oor Parys te skryf, is 'n amperse onmoontlikheid. Waar begin jy en waar eindig jy? Omdat my drome oor Parys op die Pont Neuf begin het, wil ek op 'n klein staptog deur slegs die eerste arrondissement van Parys gaan.

Dis 'n kort stappie oor die brug en links af met die Quai du Louvre tot by Rue de l'Amiral de Coligny. Dis nou die straat wat teen die kant van die Louvre op loop. So half oorkant die Cour Carrée by nommer ses is die bekende Le Fumoir-brasserie. Dis een van die trêndieste uithangplekke vir drankies en ligte etes gedurende die dag. Dis meer formeel en baie populêr vir aandete, so bespreek lank vooruit om plek te kry.

Le Fumoir is 'n sjiek, ontspanne, raserige plek waar die inwoners van die buurt bymekaarkom om te klets en te kuier. Of om op hul eie 'n noisette ('n klein swart koffie met 'n skeut room daarby) en 'n viennoiserie (fyn gebak) te geniet terwyl hulle deur die groot seleksie internasionale koerante en tydskrifte blaai.

Ons loop met Rue de Rivoli langs tot by die Palais-Royal, eens 'n koninklike paleis en loshande my gunsteling-gebou en tuin in Parys. Die tuin met sy gesnoeide lanings plataanbome en immer werkende fontein in die middel is 'n eg Franse oasis in dié groot stad. Verskeie hooggeplaastes en koninklikes het daar gebly, van kardinaal Richelieu tot koning Louis XIII en sy weduwee Anna van Oostenryk. Dit was ook die paleis van Louis Philippe II, die hertog van Orléans.

Die Comédie Française, een van die eerste staatsteaters in Parys, vorm deel van die argitektoniese front waardeur jy die hiper moderne binnehof, die hart van die Palais-Royal, betree.

Miskien moet ek noem dat my verknogtheid aan die winkels en kulinêre towerkuns by die Palais-Royal my indruk daarvan beïnvloed. 'n Kolonnade loop reg om die binnehof, wat die Orléans- en Vallois-galery bevat. Van die boetieks wat jy hier vind, bestaan al eeue lank en dis hier waar jy soms van die bes geklede Franse vroue sal sien. Gaan sit op een van die donkergroen parkbankies en wag geduldig. Jy sal sien.

A, beter nog, gaan geniet ietsie by een van die buitelugkafees. My gunsteling is die Café Palais-Royal, dis tegelyk sober en uitspattig. Hier maak hulle 'n vis-en-skyfiesgereg met 'n guitige moderne kinkel – die vis word in 'n broodjie gebak met die aartappelskyfies binne-in, soos 'n eertydse chip roll! 'n Koel glasie Beaumes-de-Venise onder die grys en wit gestreepte sambrele voltooi die skoot.

As jy vol waagmoed is, bespreek vir jou 'n venstertafel vir twee by Le Grand Véfour-restaurant. Supersjef Guy Martin sal jou op 'n kulinêre toer neem na plekke waar jou smaakknoppies nog nooit tevore was nie. Jou beursie sal verseker 'n bietjie protes aanteken, maar onthou, geld is net geld.

My winkel, Le Store, op Boussac se dorpsplein.

⁘

Ek saam met modelle voor die winkel.

Die Palais-Royal is 'n toonbeeld van die stad se imposante verlede en staan in direkte kontras met Rue de Rivoli en Rue du Faubourg Saint-Honoré met al hul glans en skitterwinkels. In die arkades by die Palais-Royal is daar nog 'n rits winkels, boetieks en galerye wat jou 'n goeie uur of drie sal besig hou. Daar is byvoorbeeld 'n piepklein winkel vol musiekdosies met antieke én moderne instrumente – van die eksotiesste Napoleon III-klaviertjies tot moderne vuurhoutjiedoosspelertjies teen 'n paar euro wat chansons soos "La Vie en rose" en "L'Heure bleue" sal speel.

So 'n paar winkels verder is die befaamde La Petite Robe Noire, 'n gewilde winkel wat tweedehandse (vintage) ontwerpersrokke, almal slegs in swart, verkoop. Dior, Balenciaga, Worth, Saint Laurent en Givenchy uit die vyftigs, sestigs en sewentigs. Vanessa Paradis en Sophie Marceau word dikwels daar opgemerk.

By Salons du Palais-Royal Shiseido, 'n winkel of twee verder aan, gaan haal die aktrise Catherine Deneuve 'n spesiaal gemengde parfuum in 'n handgesnyde kristalfles by die meester-parfuummaker Serge Lutens. As koningin Noor van Jordanië van Lutens se parfuum kan gebruik, kan jy seer sekerlik ook! Dis goedkoper as wat jy dink en die winkel is 'n belewenis – veral met die verkoopsdames, wat lyk asof hulle op die stel van 'n Claude Chabrol-film hoort.

Kyk nou net – hier het ek wraggies in die Palais-Royal vasgehaak en nie eens by 'n tiende van my ander gunsteling-plekkies in die eerste arrondissement uitgekom nie.

Al wat ek nou kan doen, is om jou met 'n lysie van my ander gunstelinge te laat: vir middagtee of 'n ligte aandete is daar Café Marly op die Louvre se stoep. Hier mag jy dalkies net in Isabelle Huppert of Marion Cotillard vasloop.

Ek moet ook minstens een keer per maand by die huisware-winkel Astier de Villatte inloer. Dis klein en, tipies Frans, beskeie, maar kyk mooi na die breekware met die weggooi-voorkoms. Hier sal jy handgemaakte koppies en bekers met windskewe hand-vatsels kry wat aan die binnekant in 22 karaat goud of platinum afgewerk is! La Bovida is naby die ou Les Halles-mark en is, soos E. Dehille-rin, 'n tweeverdiepinghoekwinkel wat jou alles denkbaar vir die kombuis bied. Vir kosfoendies is hierdie twee winkels 'n absolute moet. Dis hier waar jy jou Laguiole-messe of daardie nuwe vlek-vrye staalmandolien sal kry.

In Rue Hérold is een van die baanbrekerboetieks van Parys – Leclaireur (die soeker). Dit sal jou die heel nuutste dekor wys, voordat dit deur die uitgeputte dekorredakteurs van die glans-tydskrifte gekopieer word. Hier word ook klere deur jong ontwer-pers verkoop en dis die plek waar jy die kloppende pols van Parys se skeppende jongelinge sal vind en ook met kontemporêre Neder-landse ontwerpers kan kennis maak.

Dan is daar Parys se boekwinkels. Laat ek begin by die mees basiese boekwinkel, die bouquinistes, oftewel die meer as 250 boek-handelaars wat aan albei kante van die Seine hul boeke uit oop-klap-trommelwinkeltjies verkoop. Hier koop jy nuwe én ou boeke, seldsame eerste uitgawes, strokiesprentboeke en swart-wit pos-kaarte van ou kastele en filmsterre.

Daar is nagenoeg 169 boekwinkels net in die vyfde arrondisse-ment. In 1981 is die wetgewing oor boekverkope, bekend as die loi Lang, ingestel: Boekpryse word deur die uitgewer vasgestel en alle winkels moet die boek teen dieselfde prys verkoop. In sommige spesiale gevalle word 'n korting van vyf persent toegelaat. Hierdie gawe wet hou die klein familiebesighede in die swart en verhoed dat groot groepe die mark domineer. Jy sal amper nooit 'n "twee vir drie"-aanbieding in Franse boekwinkels kry nie.

Librairie Galignani is een van my gunstelingboekwinkels in Parys. Die familie is reeds sedert 1520 met boeke doenig en Simone Galignani het een van die eerste boeke in Venesië op die toe nog nuut ontwerpte drukpers gedruk. Aan die einde van die 17de eeu verhuis Giovanni Antonio Galignani na Parys waar hy 'n boekwinkel op die Rue Vivienne oopmaak.

Hy rig daar 'n leeskamer in waar 'n mens ook Engelse tekste kan lees. Hy gee ook 'n koerant uit waarin Byron, Wordsworth en Thackeray publiseer. In 1856 verhuis die boekwinkel na 'n nuwe adres in die Rue de Rivoli, waar die nasate van Giovanni vandag nog boeke verkoop. Die reuk van die boeke, die gekraak van die houtvloere en die voorreg om net te kan blaai, maak dat ek ure in Galignani kan deurbring.

'n Ander lekker rondblaaiplek is Shakespeare and Company, net oorkant die Notre Dame. Die winkel is genoem na die beroemde winkel in die Rue de l'Odéon wat begin is deur Sylvia Beach, 'n Amerikaner wat destyds James Joyce se *Ulysses* uitgegee het en die werke van skrywers soos Ernest Hemingway en Gertrude Stein bevorder het. Ons eie J.M. Coetzee het die ander dag 'n voorlesing daar gehou.

Maar wag, laat ek eers briek aandraai. My lysie is nog nie eens kwartpad nie. Dis nou eenmaal maar Parys vir jou. Elke treetjie wat jy neem, elke draai van die kop, is 'n belewenis. Dan moet jy my hoor wanneer ek romanties raak oor hoe die kleur van die rivier teen sonsondergang verander of oor hoe die eerste note van Saint-Saëns se Orrelsimfonie in die naaf van die L'église Saint-Eustache klink.

Ek staan nou op die Pont des Arts. Die son sak vinnig en die musikante, kunstenaars en studente begin reeds met hul jolyt op die brug. Dis 'n dwarsfluit en 'n viool, 'n kitaar en 'n bekfluitjie. Oral is oop bottels rooiwyn en wraggies ook sjampanje.

Parys het lanings plataanbome en fonteine, verborge tuine en parkies vol koeltes en geheime ontmoetings. Daar's kerke en katedrale en pleine vol vergulde fantome. Daar's helde, regeerders en engele uit aangeslaande brons. Daar's koepels en dakkamers vol mense, kafees en kroeë en vensters vol weerkaatsings. Daar's toeters en sirenes en die klik-klak van hakke. Daar is liefde en daar is ook leed.

Daar is dít en soveel meer in Parys. 'n Jong studentesangeres staan op 'n hoek en sing 'n aria uit *Romeó et Juliette* "Je veux vivre dans le rêve" – ek wil in dié droom lewe.

Daar waar die pruimboom blom

❦

"Ons wil julle iets vra, maar as julle nie wil nie is dit oukei."

Die vrou, een van ons gaste, smeer vyekonfyt op haar croissant en vat 'n hap. Daar's orals krummels. Dis nogal 'n kuns om 'n croissant te eet. Vir starters sny jy nie die ding soos 'n laboratoriumpadda oop nie. Wat jy ook al op die niksvermoedende broodjie wil sit, word bo-op gepleister. Jy smeer jou jam op sy bruingebrande ruggie en basta met daai toebroodjiemakery.

Sy vat 'n sluk koffie uit 'n oversized porseleinteekoppie en kyk na haar man wat sy hand op haar knie laat rus. "Gisteraand kon ek en Bennie nie 'n oog toemaak nie."

Was daar dalk iets fout in die kamer of het die warm water opgeraak? wonder ek benoud. Of was die dame dalk allergies vir die gansvere in die kussings en op soek na 'n kussing wat uit organiese crimplene gemaak is. Ons het van daai in ons allergiekas. Daar is 'n paar vreemde artikels in daardie kas, maar dis 'n storie vir 'n ander dag.

Sy stof 'n paar krummels van haar servet af. "As jy en Hardy nie omgee nie, sal ons graag ook in Boussac 'n huisie wil hê."

Sy kyk na haar hande in haar skoot asof sy ons die intiemste ding vertel het. Miskien is dit wel so!

Ons ken die croissant-dans al uit ons kop. Hardy trek dan gewoonlik 'n stoel neffens hulle uit en begin verduidelik wat dit alles behels om 'n huis in Frankryk te koop. Ná die eerste paar minute raak ek egter verveeld en kry my koers ateljee toe sodat ek nog 'n paar kwashale kan inkry voor teetyd.

Tot op deser het 25 Suid-Afrikaanse paartjies in ons mooi dorpie kom huis opsit. Party het gekom en gegaan, maar die meeste het Boussacains geword en in die seisoen hoor jy net soveel Afrikaans op die bistro-stoepe as Frans. Dan raak dit behoorlik plesierig. Kyk, ons kan 'n hond uit en weer ín 'n bos in kuier, soos daardie Bastille-dag toe ons ewe veel Suid-Afrikaners as Franse gaste in die tuin onthaal het. Toe die Franse jazz-orkes ná een die oggend hul instrumente begin oppak, het ek 'n Amanda Strydom-CD in die speler gesit en toe het ons tot ligdag op die houtdansvloertjie voor die ou stalle geskoffel.

Die wonings wat hulle aankoop is so uiteenlopend dat dit 'n eie televisieprogram verdien. Daar is letterlik en figuurlik huise, paleise en 'n varkhok of twee wat deur talent en doodgewone harde werk in 'n Beatrix Potter-fantasie omskep is. Daar is 'n watermeule, 'n 17de-eeuse dorpshuis, 'n pragtige herehuis met gebrandskilderde vensters wat jou asem wegslaan en 'n laat Renaissancekasteel met 'n valbrug. I kid you not!

Die Suid-Afrikaners se restourasiewerk het natuurlik al 'n sak vol stories opgelewer. Daar is al enkels geswik en selfs 'n vinger gebreek. Die gesukkel met die taal lewer egter altyd die heel snaaksste verhale op.

Moenie dink een of twee besoeke aan 'n winkel soortgelyk aan Builders Warehouse gaan die ding doen nie! Nee, boetie, jy moet hare op jou tande hê om met die loodgieter en die elektrisiën 'n paadjie te stap. Soos in Suid Afrika is hulle aanvanklik grootoog en vol beloftes. Sodra jy die deposito betaal het, verdwyn hulle gewoonlik vir 'n paar weke. Net voordat jy met jou gelaaide .303 by 'n niksvermoedende loodgieter se huis opdaag, verskyn hy met jou wasbak, krane en die toilet se deksel.

In 'n klein dorpie soos Boussac word die loodgieter en elektrisiën op dieselfde vlak as die notaris en die dokter geplaas. Vir hulle gee jy net voor Krismis 'n fles ingelegde confit de canard of die beste konjak wat jy kan bekostig. Dit maak jou kanse dat hulle jou dringende SMS'e sal antwoord veel groter.

Wanneer dit tyd is om hul huise in te rig, gebruik die meeste van die nuwe inwoners die Sondag-brocantes as 'n heerlike plek vir 'n jagtog vir winskopies. Etlike huise is van hoek tot kant met brocante-inkope gemeubileer. Die mooiste eikehout-armoires vervang lelike wit ingeboude kaste. Van die os op die jas: Dis 'n liefdestaak om jou nuwe eikehoutklerekas self met olie in te vryf. Soos die liggaam van 'n geliefde. Die binnekant word bedruip met laventel en kamferolie.

Een van ons vriendinne het 'n kunsgalery oopgemaak en in die seisoen bied sy een of twee uitgesoekte tentoonstellings aan. Dit het al 'n instelling geword dat die burgemeester haar somertentoonstelling open.

Die dorp reël jaarliks musiekkonserte in die kerk onder die burgemeesterspaar se beskerming en ons besluit om ook 'n musikale bydrae vir ons gemeenskap te maak. Ons begin gewoonlik met 'n klein intieme konsert in La Creuzette se musiekkamer vir ons eie gaste en 'n paar uitsoek-dorpenaars.

Daarna bied ons in die kerk 'n konsert deur Suid-Afrikaanse

kunstenaars aan, wat oop is vir die publiek. Die Romaanse kerk met sy mooi gebrandskilderde vensters is gewoonlik stampvol. Sterre soos die mezzosopraan Minette du Toit-Pearce, chanteur Niël Rademan en die legendariese pianis Ilse Schumann het al die gehoor op hulle voete gehad.

Ek sal nooit Minette se volronde stem vergeet toe sy die aria uit Saint-Saëns se *Samson et Dalila* gesing het nie: "Mon cœur s'ouvre à ta voix". Terwyl sy die laaste note sing vee ek my oë droog en spring op uit my stoel.

Omdat Frédéric Chopin naby Boussac gewoon het, word die jaarlikse Internasionale Chopin-fees in Nouhant gehou. Almal in die omtrek is 'n Chopin-kenner en jy beter nie kom staan en mors met hulle held nie. Een jaar oefen Ilse Schumann vir 'n volle week aan Chopin se amper onspeelbare Klaviersonate no. 3. Die betowering begin die oomblik toe sy met haar middernagblou tabberd agter die klavier inskuif en die eerste note sekuur en met hemelse deernis op die klawers neerlê. Ilse sluit die sonate af met 'n jubelende finale. Haar meesterlike frasering sweef vir 'n oomblik in die ruimte rond voordat dit deur 'n dawerende ovasie verswelg word.

'n Paar somers terug kom Amanda Strydom, 'n vriendin van toentertyd, en haar begeleier, Coenraad Rall, 'n paar konserte by ons hou. En was dit sports. Ons dra die Grand Salon leeg, maak die eetkamer se aansluitende kamerdeure oop. Die vleuelklavier word tot voor die musiekkamer se dubbeldeure gedraai wat aan die grand salon grens. Dié en die eetkamer staan nou vol stoele.

Amanda sing alles van Piaf tot Brel, van Aucamp tot Kerkorrel. Sy sing vintage Strydom en splinternuwe Strydom. En ek straal

Bo: Amanda Strydom lewer 'n tour de force
met Coenraad Rall wat begelei.

❦

Links: Minette du Toit-Pierce en Niël Rademan
tree op in Boussac se kerkie.

wanneer ek sien hoe ons Franse vriende saam met ons rock in ons taal!

In 2014 is La Creuzette deur die gesaghebbende tydskrif *Figaro* as een van die beste gastehuise op die Franse platteland aangewys. Ek wil sover gaan om te sê Boussac beleef in dié tyd sy tweede goue tydperk, 'n mini-Renaissance.

My en Hardy se Franse avonture het 21 jaar gelede begin. Die afgelope tyd het ons dikwels met 'n borrelende glas sjampanje in ons eelterige hande nagedink oor ons kaleidoskopiese beginjare in Frankryk, vol toeval en opwinding.

Tussendeur alles vat die begeerte by my pos om 'n boek te skryf oor ons doen en late in Frankryk en spesifiek by La Creuzette. Iets tussen *What the Butler Saw* en "Louis praat uit die huis". Hierdie boek is die vergestalting van hierdie droom.

La Creuzette sal altyd my eerste liefde bly. 'n Ander woonplek was lank 'n ondenkbare gedagte, maar ons het in onlangse jare toenemend ongemaklik geraak om in ons "kantoor" te woon. Daarom het ons vier jaar gelede besluit om Château de la Creuzette te verkoop, maar met die onderneming om nog vir 'n tyd die kuratore van hierdie besonderse woning te wees.

La Creuzette boer vandag steeds vooruit met 'n eskader kreatiewe mense aan die stuur wat die plek na nuwe hoogtes voer. DeVerra en haar Antonin woon nou by La Creuzette in 'n nuut geskepte petit demeure (klein woonplekkie). Sy is steeds 'n onvervangbare raakvatter.

Ons moes toe so wragtiewaar 'n soektog na 'n nuwe huis van stapel stuur. Van wegtrek is daar nie sprake nie – die omgewing en sy mense is in ons bloed. "Diep Frankryk" is die enigste plek waar ons ons voorskote, kwaste en hoedens vir oulaas wil ophang.

Die lewenswiel draai op allerlei magiese maniere en so kom ons toe tot stilstand by 'n adres waar ons een keer lank gelede vir 'n oomblik vertoef het. Die bestemming het nie 'n nommer nie, slegs 'n naam – Le Rembucher.

Ek het al geleer dat ek en die noodlot mekaar om elke hoek en draai van my lewe trompop raakloop. Aan die begin steek ek nog vas, maar teen hierdie tyd het ek al geleer 'n mens moet eerder saamspeel en kyk hoe jou lewe soos 'n skattejag ontvou. I go with the flow. Mak soos 'n lam.

Die eerste keer wat ek Le Rembucher gesien het, was effe deur die blare. Letterlik en ja, figuurlik, ook. Dit was op die lentedag toe ek vir Hardy gaan wys het waar die sigeuners ons sement-beeldhouwerke in die bos by Lépaud gaan weggooi het.

Ek wou in die woud gaan loop, maar Hardy was die dag vol avontuurlus. Hy neem my toe op 'n onbeplande verkenningstog na die ruïne van 'n ou kasteel naby aan waar ons beelde gevind is. Die volgende oomblik spring ons soos klipspringers tussen die sandsteenblokke van Château de Lépaud rond.

Château de Lépaud is 'n flambojante Renaissance-kasteel wat eeue gelede vir die prinse van Chambon en van Combraille en die hertoë van Orléans gebou is. Dit het mettertyd vervalle geraak, maar is in die 17de eeu gerestoureer vir prinses Anne Marie Louise d'Orléans, ook bekend as La Grande Mademoiselle de France.

Die prinses se moeder het slegs vyf dae lank ná haar geboorte in 1627 geleef. Haar vader, Gaston, was die hertog van Orléans en die oudste oorlewende broer van Louis XIII. Die week oue dogtertjie het toe die nuwe hertogin van Montpensier geword en een van die fabelagtigste fortuine in Europa geërf, onder meer die hertogdom van die Auvergne, wat die Château de Lépaud insluit.

Daar word na dié indrukwekkende landgoed met die kasteel en al die buitegeboue as die Château Royale verwys. Gedurende die Franse Revolusie is die kompleks erg beskadig en deur die jare het dit 'n ruïne geword.

Ongelukkig gaan tientalle belangrike geboue in Frankryk jaarliks tot niet, gewoon omdat dit onmoontlik is vir die Franse regering om alles in stand te hou. Soos ek vroeër genoem het, is daar meer as 'n duisend châteaus net in ons kontrei. Was dit nie vir private inisiatiewe wat etlike geboue weer uit die rommel laat herrys nie, sou daar meestal net 'n hoop klippe oorgebly het.

Gedeeltes van die eiendom is later opgekerf en stuk-stuk verkoop. Gedurende die 18de en 19de eeu is verskeie restourasieprojekte van stapel gestuur maar dis eers in die vroeë 20ste eeu dat die erfgename grootskaalse veranderinge en modernisering aan die geboue gemaak het. Die woud van 75 hektaar kom genadiglik min of meer ongedeerd daarvan af.

Die woud is ietwat van 'n legende omdat dit sedert die tyd van die prinse van Orléans bekend is as 'n jagtersparadys. Dit bevat menigte boksoorte, maar dit is veral bekend vir die legendariese wildevarke, glo van die grootstes en gevaarlikstes in Frankryk. Een tak van die Orléans-familie gebruik die wildevark as embleem in die familie se heraldiek.

Hardy het die dag by die bouval van die Château de Lépaud stilgehou en ons het vinnig gaan kyk na waar die sigeuners kamp opgeslaan het met ons beelde. Daar het nog 'n paar leë wynbottels en ander robbies rondgelê.

Hardy was daardie dag besonder haastig, asof iets hom aanpor om by die kasteel uit te kom. Hier en daar het mooi detail by die kasteel behoue gebly. Die een imposante toring en 'n gedeelte van die fasade is bewaar en dit het gelyk asof iemand besig was om herstelwerk te doen. Daar is netjiese rye bouklippe en fragmente ornate stukke klipkerfwerk.

Ons stap tot voor 'n merkwaardige klipvensterraam wat pragtig versier is. Dit, leer ons later, is die enigste oorblywende Renaissance-detail aan die gebou.

"Kyk hoe verleidelik bot die pruimboom," sê Hardy en loop tot op die hoogtetjie waar die eeue-oue boom staan. Ek loop tot daar, breek 'n takkie botsels af en steek dit in my baadjie se boonste sak. Ek voel soos 'n bruidegom.

Dit ruik na lente en reën. Die boom se wye takke is 'n wit sambreel wat ons omvou. 'n Bont voël fladder onder die takke uit. "Quel oiseau magnifique!" sê Hardy. (Wat 'n pragtige voël.)

Voor ek nog kan reageer, gee hy my 'n ligte stampie. "Kyk daar!"

Ek draai om en kyk na waar Hardy wys. Sy wysvinger is gerig op die woud agter die château. Eers sien ek niks tussen die bome nie. Dit is 'n massiewe woud met bome vol uitspattige, geelgroen lenteblare.

Dan gewaar ek tussendeur die blare die pediment van 'n gebou. Die jong blaartjies ritsel in die wind wat opkom.

Ons het nie daardie dag nader gestap om ondersoek in te stel nie, maar was nuuskierig. Ons besluit toe om in Boussac navraag te doen.

"Dit is die jagterspawiljoen van die Château de Lépaud," vertel die tannie in die dorpskafee. Ek het 'n bietjie warmte en Hardy 'n koppie koffie kom soek. Haar hare is op haar kop gebondel en die bolla word met 'n gebreekte pers breinaald in plek gehou. Sy ruik na suiker en kaneel.

"Die eienaars van die kasteel het daardie deel van die landgoed jare gelede verkoop," sê sy en sit die koppie koffie voor Hardy neer. "Dit word Le Rembucher genoem." Sy vee haar hande aan haar melerige voorskoot af en gaan staan met haar hande op die heupe en kyk vir ons, so asof sy verwag dat ons iets wonderbaarliks gaan kwytraak.

Dit reën nou buite. Deur die vensters van die kafee verander die landskap in 'n wasige waterverfskildery. In die verte gloor die donker bos teen die blou van die hemel.

Die hipster-eiendomsagent kon sy ore nie glo toe Hardy 'n boodskap by sy kantoor los om ons dringend te bel nie.

"'Alo meester 'Ardy, you looking for me?"

"Ja, meneer, ons soek jou."

En so begin die spel. Hardy maak 'n cheeky aanbod op Le Rembucher wat die agentjie aan die verkoper oordra. Ek kou my naels tot amper by die wit maantjies af.

Ná twee dae bel hy terug. "If you meets us halfway weez zee price, you have youzelf a deal."

Die volgende dag sit ons in sy kantoor en teken die compromis de vente (aanbod om te koop). 'n Paar dae later is ons weer in die agentjie se kantoor. Ek merk op dat hy 'n nuwe, duurder horlosie om sy pols dra.

Ons teken die koopkontrak en skud hande met die agent, sy deftige sekretaresse op hoëhak-blinkleersandale, die eienaar met sy goedige gesig. Na al die rugkloppery en lugsoene ry ons met groot ongeduld en 'n reusebos sleutels na ons nuwe huis.

Hardy het eers by 'n drankwinkel gestop en 'n bottel sjampanje en twee glase gekoop. En daar op die stoep van die jagterspawiljoen buite Lépaud skiet die sjampanjeprop met 'n boog deur die lug en land kaplaks teen die groot ysterhekke wat na die woud lei.

In 2001 het ons die massiewe restourasietaak by La Creuzette met waagmoed en sterre in ons oë aangedurf. Teen die tyd wat ons met Le Rembucher se opknapping begin, is die sterre en die waagmoed nog daar, maar ons is ouer en, genadiglik, 'n bietjie wyser.

Die magiese woud op die Le Rembucher-landgoed.

Die jagterspawiljoen op Le Rembucher
waar ons deesdae woon.

❦

Die majestueuse vuurherd in ons sitkamer.
Die deure links lei na buite.

Épilogue

❧

Vir my het alle paadjies toe uiteindelik na Frankryk gelei. Édith Piaf verskaf luidkeels die klankbaan van die Franse tafereel wat steeds besig is om in my lewe af te speel: "Non, je ne regrette rien." Dis 21 jaar sedert ons die huisie op die skewe straat in Lapeyrouse gekoop het. Ons vier die mondigwording van ons lewe in Frankryk, soos heel aan die begin, met 'n saluutskoot uit 'n yskoue bottel Bollinger Champagne Millésime. 'n Vintage-bottel nogal, 1999, dieselfde jaar as wat ons voet aan wal sit in la France profonde.

Ná twee dekades weet ons nou hoe om, sonder aarseling, 'n heildronk in te stel en hoe om ewe gepas op een te antwoord. Ons sê, uit volle bors: "À votre santé!"

Die twee dekades in Frankryk voel vir my soos 'n blote oogwink, maar 'n mens kan nie help om ná so 'n lang tyd die onafwendbare vraag te vra nie: Wat is die verskil tussen toe en nou? Het dinge opmerklik verander en indien wel, ten goede of ten kwade?

Daar was vier presidente aan die stuur van die land die afgelope twee dekades: Jacques Chirac, Nicolas Sarkozy, François Hollande en tans Emmanuel Macron. Laasgenoemde moet nie met die lekkernye le macaron of le marron verwar word nie – soetgebak is 'n perd van 'n anderste kleur!

Ons het nogal 'n bietjie claim to fame in die presidensiële arena, al is dit effe skraps. Een van ons huisvriende, wat ook in die Lépaud-distrik in 'n pragtige château woon, is die skoonsuster van Berna-dette Chirac. Sy is elegant en vir my die ewebeeld van 'n gesofisti-keerde Franse dame. Sjiek en understated.

Een dag, 'n paar jaar gelede, is ons in beroering – daar kom so-waar 'n brief van die Élysée-paleis in Parys by ons aan met die amptelike briefhoof en als. Met 'n ingetrekte asem maak ek die brief baie versigtig oop. Dis aan my en Hardy gerig. Onderaan is daar in ink geteken: Met beste wense, Carla Bruni Sarkozy.

In 2010 het ons die boek, *Feestelike Frankryk: Fabels en geregte uit die Franse platteland*, saam met Anet uitgegee. Anet het 'n ek-semplaar van die Engelse vertaling van die boek aan 'n Suid-Afri-kaanse knaap gegee wat madame Sarkozy persoonlik ken en hom die dood voor die oë gesweer as hy dit nie persoonlik aan haar oorhandig nie. En siedaar! 'n Bedankingsbrief van die elegante sangeres-presidentsvrou.

Die briefie het lank op ons yskas gepryk, netjies in plek gehou deur 'n Mandela-yskasmagneetjie. Beh, dis donc! (uitgespreek ba-die-donk), nou toenou, of wow, soos die Engelsman sê.

Ek moet myself in toom hou, anders bah dis donc ek sonder ophou. Oor Hollande het ons geen storie nie, behalwe dat ons van Hollandse afkoms is. Aan 'n Marcon-storie werk ons nog sonder ophou.

Ek verstom my steeds aan die ryk Franse woordeskat. Daar is 'n woord of drie vir elke ding, elke gevoel en elke natuurverskyn-sel. Een van my gunstelinge wat besonder lekker op die tong lê is: le va-et-vient, die kom en gaan van dinge.

So, wat anders het die laaste twee dekades verander? Vir starters, die prys van 'n koppie koffie. Dit maak die Franse kriewelrig, want koffie, soos boeretroos, is 'n nasionale instelling waarmee liefs nie gelol moet word nie.

Daar is gerugte dat jy in Parys enigiets tussen vier en sewe euro vir 'n klein swart koppie koffie betaal. Dit is seker so, afhangende van wáár in Parys jy jou troos gaan soek, en natuurlik of jy by die toonbank staan en of jy ewe grand gaan sit en kyk hoe die mense verbystroom.

Volgens Les Deux Magots op die Place Saint-Germain-Des-Prés se Desember 2019-spyskaart gaan 'n koffie jou 4.90 euro kos as jy by 'n tafeltjie binne of op die stoep sit en ginnegaap. Dit kom uit die filterkoffiepot en kos dieselfde as 'n Grand Cru Arabica Espresso, wat so swart soos kool is. As jy laf genoeg is om melk te wil by foeter, vra hulle jou 'n verdere 5.00 euro. Net vir die rekord, 'n latte kos 6.30 euro en 'n cappuccino 7.50 euro. Quand même!

Hier op die platteland lyk dinge genadiglik 'n bietjie beter. Die locals kla steen en been oor die verregaande prys van 2.50 euro vir 'n koppie koffie. Maar wat is dan nou lekkerder as om op 'n sonnige somersdag onder 'n knalrooi sambreel na die passing parade te sit en kyk?

Wat wel verander het, is dat jy heel moontlik Afrikaans gaan hoor as jy ewe nonchalant aan jou koffie proe. Soos ek vroeër opgemerk het, het daar sedert ons in dié hoekie van Frankryk voet aan wal gesit het meer as 25 Suid-Afrikaanse gesinne in en om Boussac kom woon. Die jongste aankoop is 'n kasteel net buite die dorp, wat deur vriende van ons aangeskaf is. Dit het selfs 'n indrukwekkende valbrug oor 'n watergrag.

In die somer heers 'n atmosfeer van hartlike bonhomie op die dorp, veral op Donderdae se markdag. Al wat leef en beef is dan op die stoepe van die twee kafees en Turkse shawarma-eetplek. Dan word die lattes en cappuccinos teen 'n fraksie van Parys se pryse verorber.

Van die vindingryke Suid-Afrikaners het met groot sukses 'n seisoenale kunsgalery, 'n gastehuis en 'n winkel in die klein gemeenskap tot stand gebring. Nog twee winkels en 'n glacier (roomyswinkel) gaan binnekort in die somermaande hulle deure oopmaak.

Ons het intussen ook 'n pragtige ou 17de-eeuse geboutjie op Boussac se kerkplein gekoop, waar ek my galery en 'n winkeltjie met die naam le Store bedryf. Die geboutjie is 'n drieverdiepinghuis met 'n pragtige uitsig op die Romaanse kerkie.

Daar is selfs 'n groep gestig om integrasie tussen inkommers en die Franse te vergemaklik. Hulle noem hulself Amitiés Internationales du Pays de Boussac. Nuwelinge maak Franse vriende en leer dan sommer ook Frans praat, wat waarskynlik die grootste struikelblok vir 'n nuwe Boussacain is. Dit het ons sowat vier tot vyf jaar geneem voordat ons amper flaterloos 'n gesprek kon voer, maar vir ons was dit 'n kwessie van sink of swem. Elke Donderdag is daar ook stap- en fietsrysessies vir diegene wat al pratende fiks wil bly.

'n Ander positiewe verwikkeling is dat baie van die jong mense wat vroeër jare na die groot stede verhuis het nou terugkeer na die platteland. Hulle is ontnugter deur die hoë lewenskoste in die stad en soek na die vrede en eenvoud wat die platteland bied.

Die Hotel Central op die dorp is onlangs deur 'n jong sjef en sy pragtige vrou gekoop en in 'n moderne, elegante ruimte herskep. Hulle middagetes is uit die boek en jy sal lank voor die tyd moet bespreek om op 'n Donderdag 'n tafel te kan kry. Die sjef se moderne weergawe van die klassieke confit de canard is legendaries en verklaar die toeloop.

So kry die eens stil platteland 'n energieke hupstoot. Dis wonderlik om op Boussac se dorpsplein te sit met jou ore vol Frans, Engels, Hollands en Afrikaans, terwyl jy die lewe in oënskou neem. Ná die tweede koppie koffie kondig die kerkklok die noenmaaltyd met 12 gewigtige slae aan.

Dan vind 'n energieverskuiwing op die plein plaas. Die eienaars van die stalletjies begin soos klokslag hulle ware oppak. Die kaasmaker draai klam doeke om sy topverkopers, die organiese groenteboer pak pakkies soet tamaties in 'n kartondoos en die ou dame met die gerwe veldblomme gee een vir ons assistent wat sopas ons winkeltjie toegesluit het.

Dit was 'n goeie oggend, maar vir nou is die werk eers afgehandel. A bientôt, tot weersiens. Ek moet eers skedaddle. Hardy het laat weet die kos is op die tafel!

⁂